普通高等教育“十四五”规划教材

《新时代中国特色社会主义理论与实践》案例集

王一喆　主编

中国石化出版社
·北京·

内容提要

本案例集作为硕士研究生思政课程《新时代中国特色社会主义理论与实践》的教学辅导用书，与2022年出版的《〈思想道德与法治〉案例集》构成了相互映衬的姊妹篇，从而形成了本科生思政课程与硕士研究生思政课程教学案例集的高度贯通和融合。本案例集内容按逻辑分为“时代榜样篇”“化工模范篇”“优秀学子篇”三大板块，在全景式展现新时代各领域奋斗者的感人事迹和人格魅力的同时，亦彰显了大化工行业先进模范和新时代优秀青年的奋进风采，有助于推动思政课程和课程思政的良性互动。

本书可作为高校本科生、硕士研究生思想政治课程的教学和学习参考用书。

图书在版编目(CIP)数据

《新时代中国特色社会主义理论与实践》案例集 / 王一喆主编. —北京：中国石化出版社，2023.10
ISBN 978-7-5114-7276-2

Ⅰ. ①新… Ⅱ. ①王… Ⅲ. ①中国特色社会主义-教案(教育)-研究生教育 Ⅳ. ①D616

中国国家版本馆CIP数据核字(2023)第192288号

中国石化出版社出版发行
地址:北京市东城区安定门外大街58号
邮编:100011　电话:(010)57512500
发行部电话:(010)57512575
http://www.sinopec-press.com
E-mail:press@sinopec.com
北京柏力行彩印有限公司印刷
全国各地新华书店经销
*
710毫米×1000毫米 16开本 13.75印张 251千字
2024年1月第1版　2024年1月第1次印刷
定价:48.00元

《新时代中国特色社会主义理论与实践》案例集*

编写组

主编：王一喆

参编：（按姓氏笔画排序）

卢洪瀑　朱鸿祥　乔　迈　许佳扬

孙璐颖　杨　磊　李昕茁　李海辰

李璎珞　李濠英　汪国益　张　迪

张　楠　邵蓓曦　徐　琴　唐骋放

黄宇杰　常小娟

---

* 基金项目：北京化工大学 2022 年研究生课程及教材建设项目“《新时代中国特色社会主义理论与实践》案例集”（G-JC202210）、北京化工大学思源历史社 2023 年学习实践的阶段性成果。

前 言

2021 年 3 月 6 日，习近平总书记在看望参加全国政协十三届四次会议的医药卫生界、教育界委员时强调，“‘大思政课’我们要善用之，一定要跟现实结合起来。”由此，本案例集编写组着力挖掘和梳理新时代榜样人物的光辉事迹，形成了一套“新时代优秀人物案例集”教学资源。本案例集以此作为硕士研究生公共必修思政课程《新时代中国特色社会主义理论与实践》进行课堂教学与实践教学的重要素材。

值得强调的是，本案例集与本人在 2022 年主编的《〈思想道德与法治〉案例集》构成了相互映衬的姊妹篇，从而形成了本科生思政课程与硕士研究生思政课程教学案例集的高度贯通和融合。在延续上本案例集鲜明“大化工”特色的同时，本次案例集编写尽力做到以下突破：

第一，全景式展现新时代人物风貌。本案例集内容按逻辑分为“时代榜样篇”“化工模范篇”“优秀学子篇”三大板块，充分挖掘了新时代各领域奋斗者的感人事迹和人格魅力，有助于推动思政课程和课程思政的良性互动。

第二，更贴近大学生群体的案例设计。本次案例集编写用三分之一的篇幅介绍了新时代优秀学子的典型代表，丰富翔实、充满层次、贴近生活的人物案例，更能引起硕士研究生对于思政课程的理性思考和情感共鸣。

第三，更科学、全面、精准的教学建议。本案例集服务于《新时代中国特色社会主义理论与实践》2021 年版教材，在每个人物案例编写尾处都提出了教学建议，以期为思政教师备课和学生学习提供更加精准和科学的服务。

本书编写组在编写过程中，参考的相关文献和资料均已作出注释。但由于各方面原因难免会出现一些疏漏和错误，在此表示歉意和谢意。囿于水平和能力，本书还存在一些欠妥之处，敬请各位专家和读者批评指正。

北京化工大学马克思主义学院讲师、硕导　王一喆

2023 年 9 月 23 日

目　录

时代榜样篇

化工模范篇

优秀学子篇

时代榜样篇

黄旭华：中国核潜艇之父

黄旭华，1926年3月出生于广东省海丰县，中国工程院院士、核动力潜艇专家、著名的“中国核潜艇之父”、共和国勋章获得者、国家最高科学技术奖获得者。黄旭华作为中国第一代攻击型核潜艇和战略导弹核潜艇总设计师，开拓了中国核潜艇的研制领域，并在技术匮乏和人才稀缺的情况下，研制出核潜艇核心技术。此后为了保证国家机密不被泄露，隐姓埋名30载。

一、弃医从工，造核潜艇

黄旭华出生于医学之家，幼时的愿望是成为一名悬壶济世的医生。然而，当少年黄旭华目睹日寇登陆沿海、杀害渔民，祖国在日寇的狂轰滥炸下变得满目疮痍时，他决定弃医从工。

黄旭华本名黄绍强，后来他给自己改名为“旭华”，意思是中华民族必定如旭日东升一般崛起，他立志要为民族强大作出贡献。面对中央大学航空系和交通大学船舶系的录取结果，黄旭华毅然选择后者，从此开始了一生保卫祖国海域、抵御外辱的探索之路。

1954年，黄旭华被调到上海船舶工业管理局，参加苏联援华舰船的转让制造和仿制工作。1957年，黄旭华开始接触潜艇技术，跟随苏联专家学习潜艇的设计与制造技术。1958年，黄旭华被秘密调到北京参加“核潜艇总体设计组”工作，多样化的难题接踵而至。新中国成立初期，国家经济极度困难，科研技术极其薄弱。黄旭华和同事们的研制工作处于“三无”的境地：无参考资料、无技术支持、无权威专家。更为雪上加霜的是，黄旭华团队的研发员无一人学过真正的核潜艇技术，甚至连见都没见过。在此情况下，毛主席指出，“核潜艇，一万年也要搞出来！”这愈加笃定了黄旭华的奋斗意志。

1962年，研究室进行整编，大批人员进行分流。黄旭华的研究团队只剩下10余人，工作也遭遇了“幽咽泉流冰下难”的历程。黄旭华从容地对新知识进行反刍与消化，加班加点没日没夜地干活。岛上荒草丛生，狂风敲打着窗户，黄旭华穿梭在漫天风沙中，啃着硬邦邦的窝窝头。但于他而言，只要能造出核潜艇，苦亦是甜。

二、蛟龙入海，铁马冰河

“以身许国一甲子，托举国之重器从无到有。”核潜艇从设计到制作都是地狱般的难度，在没有电脑的年代，所有数据都只能靠算盘和计算尺，黄旭华常常为了一个数据，焚膏继晷地计算。

1964 年，黄旭华终于带领着团队研制出我国第一艘核潜艇。1970 年 12 月 26 日，中国第一艘攻击型核潜艇顺利下水。一万年太长，只争朝夕，黄旭华他们仅用了数年，便走完了西方国家几十年的研发之路。

1974 年 8 月 1 日，中国第一艘核潜艇被命名为“长征一号”，正式列入海军战斗序列。这是世界核潜艇史上罕见的速度：上马 3 年后开工，开工 2 年后下水，下水 4 年后正式入列。1981 年 4 月，我国第一艘弹道导弹核潜艇成功下水。2 年 4 个月后，交付海军训练使用，加入海军战斗序列。中国成为继美国、苏联、英国、法国之后世界上第五个拥有核潜艇的国家。

1988 年，新型核潜艇进行着极限深度的深潜实验。核潜艇深潜时，一个扑克牌面积大小的钢板上，承受的水压就有一吨多。一百多米长的艇体，任何一块钢板、一条焊缝不合格，都有可能艇毁人亡。黄旭华不顾领导的反对，跟随潜艇下潜水下 300 米，承受 30 公斤的压力，指挥试验人员记录各项有关数据，成为世界上核潜艇总设计师亲自下水做深潜试验的第一人。

三、一生“深潜”，光耀中华

“心怀国之大者，矢志国之重器”。远离家乡，杳无音信，荒岛求索，一穷二白，黄旭华和同事们把“不可能”变为了“可能”，边设计边施工，用一代人的艰苦奋斗，实现了核潜艇“一万年也要搞出来”的誓言。三十余载未归家的黄旭华，进入无人之地，一去青丝归白头，终生报国不言悔，掷言“此生属于祖国，此生无怨无悔”。

20 世纪 90 年代，我国第一代核潜艇及其武备系统全部定型，黄旭华等老一代核潜艇研究人员年事已高，本应功成身退。但是，凭着对核潜艇事业的热情与执着，黄旭华以新的方式奔波忙碌，为科技的发展和核潜艇的提升发挥余热。

21 世纪以来，黄旭华着力梳理和总结我国第一代核潜艇研制的缘起、过程、特点、环境、条件等历史经纬。黄旭华以一个亲历者的身份体悟这一代人用智慧、汗水和品格凝聚的精神。这种精神，即“自力更生、艰苦奋斗、大力协同、无私奉献”，并称为“核潜艇精神”或“09 精神”。

“天将降大任于斯人也，必先苦其心志，劳其筋骨。”黄旭华说过：“自古忠孝难两全，对祖国的忠，就是对父母最大的孝。”黄旭华一生都在为国家核潜艇事业呕心沥血，与惊涛骇浪相伴，舍小家为大家，隐姓埋名。黄旭华默默的一生就像深海中的核潜艇一样无声，却又有着地动山摇的力量！

资料来源

1. 昆仑．中国第一代核潜艇总设计师、中国工程院院士、中国船舶集团所属 719 所名誉所长　黄旭华：矢志潜艇　铸造国器[J]. 中国高新科技，2020(3)：6-9.

2. 肖菲．黄旭华：隐姓埋名 30 载　只为深潜献宏谋[J]. 保密工作，2022(09).

3. 张月，雷宇．黄旭华：旭日东升耀中华[J]. 人才资源开发，2020(09).

4. 张立红．深潜中国海——记国家最高科学技术奖获得者、中国工程院院士黄旭华[J]. 中国科技奖励，2020(12).

教学建议

本案例可作为《新时代中国特色社会主义理论与实践》(2021 年版)“第八章　新时代坚持和发展中国特色社会主义的重要保障”的教学素材。

石光银：治沙与致富相结合

石光银，男，1952 年 2 月生，陕西定边人，第十三届全国人大代表，陕西省榆林市定边县定边街道十里沙村党总支原书记，治沙造林事业的模范代表。石光银将治沙与致富相结合，创造出“公司+农户+基地”的新模式，帮助沙区群众脱贫致富。因贡献突出，石光银被联合国粮农组织授予“世界优秀林农奖”和“世界林农杰出奖”等奖项，并获“全国劳动模范”“全国治沙英雄”和“七一勋章”等荣誉。

一、生在沙漠，立志治沙

在蒙语中，“毛乌素”的意思是“坏水”和“寸草不生之地”。在石光银的幼时记忆里，漫天肆虐的风沙是当地人的“天敌”。在恶劣的自然环境下，当地人的生活异常艰辛。

1984 年，石光银怀着为沙区人民锁住荒沙的信念，带领乡亲们在承包的荒沙地上栽上旱柳、沙柳、杨树。这一年天公作美，雨水充盈，树木成活率达 85%以上。随后，石光银又一鼓作气与长茂滩林场签订了承包治理 5.8 万亩荒沙的合同。但在 5.8 万亩荒沙中，有大小沙梁上千座，其中难度最大的特大沙梁——狼窝沙，地形复杂、环境恶劣，地表温度夏季高达 60 多度、冬季低至零下 40 多度。要在这里把树栽活，是很有挑战性的难题。

1986 年，石光银带领一众人，一头扎进狼窝沙，拉开了“大战狼窝沙”的序幕。在这里种苗全靠人一捆一捆背进沙窝，石光银既是指挥员，又是战斗员。大家吃的是被风吹得干硬的玉米馍，喝的是沙坑里澄出来的冷凉水，住的是柳条搭的小庵子。四季漫天黄沙，遍地沟壑纵横，入目荒山秃岭。在治沙过程中，石光银意识到了“因沙治穷”的困境，恶沙一日不除，贫穷就难以解决。

二、恶沙不除，穷根难拔

1988 年，石光银带领群众再战狼窝沙。这次他们采用了障蔽治沙法，即在迎风坡画格子搭设沙障、在沙障间播撒沙蒿、在沙丘涧地栽植杨柳树以固定流沙。采用这种治沙法后，工作量比之前大了很多。在每亩要搭沙障 40 丈的情况下，石光银带领群众在 6000 亩荒沙上共搭设了 800 多公里防沙屏障。1998 年，狼窝沙植被覆盖率达到了 92.5%。

此后，石光银还带领群众绿化了海子梁乡同心干村 4.5 万亩盐碱滩、长城林场 4.55 万亩沙地、盐化厂湖区 7.5 万亩盐碱地，在毛乌素沙漠南缘建造起长百余里的“绿色长城”，实现了“沙退人进”的胜利，为当地农牧业发展、群众脱贫致富奠定了坚实基础。

2003 年春，石光银完成一季造林 5 万亩。2004 年底，石光银承包的 25 万亩荒沙地、盐碱滩全部得到有效治理，反复造林面积达 35 万亩，直接资金投入 2000 多万元。2007 年，治理后的荒沙林草覆盖率最高达 90%以上，最低也在 60%以上。30 多年来，石光银带领乡亲们历经千辛万苦，在 25 万亩荒沙、碱滩上种活了 5300 多万株乔灌木林，彻底改变了“沙进人退”的恶劣环境。这块沙漠中闪亮的绿洲为沙区人民带来了显著的社会效益、生态效益和经济效益，扭转了“因沙致穷”的千年困局。

三、扶贫帮困，共同致富

为沙区人民谋幸福是石光银身为共产党员的初心，他将治沙和致富相结合，使毛乌素沙漠正在从陕西版图上“消失”的同时，也帮扶 1000 多人脱贫，让当地居民的生活得到质的提升。海子梁乡也被榆林市命名为“小康乡”。

在治沙公司周边，居住着 10 多个村庄 2 万多人口。在石光银带领下的造林治沙成功后，这些村庄的畜牧业得到迅速发展。他们的农副产品品种多、质量好，但因公路不通，车辆进不来，导致产品难以外运。为此，石光银垫资 500 多万元修建了 35 公里砂石公路，这条路被乡亲们称为“致富路”。

最早和石光银一起承包的联户及后来的 127 户，现在都已经过上富裕日子。他们还编了顺口溜：“家家有余粮，户户盖新房，新式家具摆进房，圈里都有马牛羊。”海子梁乡盛产各种蔬菜，辣椒远销全国各地，成了定边县有名的农副产品主产区。原地处风沙口的四大壕村，现人均产粮食 600 多公斤，人均纯收入 2000 多元，被定边县命名为“小康村”。

石光银还将定边白于山区最贫困的 50 户、272 人迁到定边镇十里沙，给他们划了水田、盖了房子、添置了生产用具和生活用品，让他们一起治沙造林，种菜种粮，发展养殖业。2016 年，这些贫困户人均收入超过 2 万元。他还出资办了两处学校，并垫资和县政府共同修建了定海公路。多措并举，不弃微末，缺什么补什么，弱什么强什么。在石光银的治沙和致富相结合的举措下，当地人实现了脱贫，逐渐走向共同富裕。

资料来源

1. 王晓琳．“沙海愚公”的新荣誉——记“七一勋章”获得者、全国人大代表石光银[J]．中国人大，2021(13)．

2. 宋凌燕．治沙英雄石光银：在荒漠里种植希望[J]．党员文摘，2021(9)．

3. 赵侠，武丽．石光银和他的“绿色长城”[J]．绿色中国，2021(15)．

4. 胡三．石光银　治沙英雄的大漠雄心[J]．绿色中国，2019(14)．

5. 王晓琳．石光银：“恶沙不除，穷根不拔，我枉活一世!”[J]．中国人大，2020(15)．

教学建议

本案例可作为《新时代中国特色社会主义理论与实践》(2021 年版)“第六章　新时代中国特色社会主义社会建设”的教学素材。

杨善洲：守望绿色，荒漠变森林

杨善洲(1927—2010)，男，汉族，云南省保山市施甸县姚关镇人。曾任保山地委书记，优秀共产党员，2011 年感动中国十大人物。被全国绿化委员会授予“全国十大绿化标兵”称号；被全国环保总局授予“全国环境保护杰出贡献者”称号；在第三届全国道德模范评选中荣获“全国敬业奉献模范”称号。杨善洲扎根大亮山义务植树造林，一干就是 22 年，把昔日的荒山秃岭变为绿叶成荫的盎然天地，极大改善了当地的生态环境。

一、辛勤植树，荒山变绿

20 世纪六七十年代，由于当地经济社会发展滞后，当地居民在缺衣少粮的饥荒状态下，大规模地毁林开荒。原本翠绿的大亮山生态遭到极大破坏，山光水枯，荒凉空旷，山石裸露，山间溪流逐年减少乃至枯竭，当地农民饮水大多要到几公里外的地方人挑马驮，周边几十个村庄都面临着“每人种三亩地，三地不够吃”的困境。居民们为了增加粮食的产量，饱食果腹，只能扩大开荒耕地面积，最后加剧了生态环境的恶化。此时，60 岁的杨善洲主动放弃到省城养老享福的机会，回到施甸种树，改善生态环境，造福家乡。

最初，杨善洲没有资金建盖住房，便和职工用树枝、树叶搭起简易棚子睡觉。大家起早贪黑地种树、耕地、育苗。虽然是大亮山林场的义务承包人，但杨善洲从不从林场领取报酬。最初的几年里，林场只给他补贴 70 元伙食费，后来调到了 100 元。杨善洲不仅不要钱，反而还经常给林场贴钱。

在杨善洲的带领下，初建林场的 3 年，大家好不容易种活了约 3 万亩华山松，但却有 400 亩左右的松树被一种叫紫荆泽兰的毒草侵扰枯死。杨善洲鼓励职工不要泄气，振奋精神重新干。在他的鼓动下，林场里的职工没有向困难低头，终于在付出中收获了成果——大亮山林场占地 7.2 万亩，其中 5.8 万亩华山松中有 3 万亩已郁闭成林。

2009 年 9 月至 2010 年 5 月，保山遭遇了百年不遇的特大干旱，但由于大亮山的植被非常好，涵养的水源多，水量充裕，周边群众的生产生活用水在干旱期间仍然充足。杨善洲用 22 年的宝贵时间把大亮山建设成了郁郁葱葱的森林，他不沾林场一点好处，却给大亮山留下了不菲的生态效益和社会效益，留下了一笔宝贵的绿色财富。

二、以可持续发展为实业的生态文明

虽绿了荒山，白了头发，但杨善洲仍心系群众，心向国家，老骥伏枥，意气风发。几十载的风雨兼程，让 700 多亩茶园、50 亩澳洲坚果、100 亩美国山核桃和 5.6 亩建成林成为大亮山一道最靓丽的风景，杨善洲因此被当地居民称作“草鞋书记”。建设美丽家乡，改善生态环境，杨善洲为推进现代化生态文明建设作出了重要贡献。

首先，实施生态修复工程，为产业发展提供动力。四季轮回，二十多个春夏秋冬，杨善洲带领大家，凭着愚公移山的精神，不仅让松树长高了、果树成林了、荒山秃岭变成了郁郁葱葱的绿海、断水多年的溪谷又有了泉水，而且还解决了农业的灌溉、植被的涵养问题。在杨善洲的带领下，当地居民也一同走上了种树致富的道路。

其次，走低成本生态建设道路，实现良性生态循环。杨善洲为解决苗木紧缺的问题，想出了捡果核育苗的办法。每次回到城里，杨善洲就到大街小巷甚至垃圾堆里去捡别人扔掉的果核。开始是他一个人去捡，后来林场职工也跟他一起去捡。如今的大亮山，180 个小山头全都被郁郁葱葱的森林覆盖。整个施甸县的森林覆盖率，也从 1988 年的 17.1%，上升到了 2009 年的 44.8%。

最后，坚持绿色发展，生态惠民。杨善洲在恢复生态建设的同时，还努力为周边百姓解决实际困难。帮助雷打树村修路，使生态蔬菜方便运输出去。如今的雷打树村，村民的收入提高了十多倍，大亮山林场的发展，给老百姓带来了实实在在的好处。摆田村原先是一个很穷的地方，杨善洲就把林场间伐剩余物交由村里去卖，用卖的钱买来电线和电杆为村子接通了电。村民们从电视上学到了很多科技知识，并运用到茶叶、水稻、玉米、烤烟的生产中。从此，家家修新房，走上了脱贫致富的道路。惠及民生的生态建设让家庭更和美、社会更和谐、人民更幸福，得到了广大群众的衷心拥护。

杨善洲用了半辈子植树造林，守望绿色。他用耄耋之年的身躯和一颗炽热的心守护着祖国西南边陲的山川河流。二十余年如一日，持之不懈地带领着乡亲们上山植树造林，把近 3 万亩荒山变成了苍翠欲滴的绿海。杨善洲无愧是大山的守望者、森林的捍卫者、大自然的儿子和生态文明建设的先锋模范人物。

资料来源

1. 和学同．绿了荒山，白了头发，志在造福百姓　记感动中国年度十大人物获得者杨善洲[J]．社会与公益，2014(6)．

2. 孙爱真，雄伟平．杨善洲生态观与生态文明建设[J]．保山学院学报，2013，32(06)．

教学建议

本案例可作为《新时代中国特色社会主义理论与实践》(2021 年版)“第七章　新时代中国特色社会主义生态文明建设”的教学素材。

钱七虎：科技强国，为国铸盾

钱七虎，男，1937年10月出生于江苏昆山，陆军工程大学教授、中国工程院院士、著名防护工程专家。钱七虎60余载从事防护工程研究和人才培养工作，建立了现代防护工程理论开创性研究体系，带领团队成功研制出我国首套爆炸力模拟器，建成爆炸冲击防灾减灾重点实验室。曾获国家科技进步一等奖、军队专业技术重大贡献奖、国家最高科学技术奖等荣誉。2022年7月27日，钱七虎被授予“八一勋章”。

一、沐浴党恩，矢志为国

“利在一身勿谋也，利在天下者必谋之。”在炮火中求学、荆棘里拓荒，钱七虎的童年是在抗日战争的艰苦岁月中度过的。钱七虎目睹了侵略者的暴行，从此，他幼小的心中深深埋下了投身国防、矢志报国的种子。

新中国成立后，钱七虎依靠政府的助学金完成了中学的学业。1954年8月，钱七虎高中毕业，迎来了人生中第一个重大转折——进入哈尔滨军事工程学院学习。“我所有的一切都源自党的培养，唯有献身党的事业，方能报答党的恩情。”谈到自己的求学之路，钱七虎总是说不尽对党的培养的感恩。

1956年4月，年仅18岁的钱七虎加入了中国共产党，成为一名正式党员。沐浴着党恩在哈军工学习的六年时间，钱七虎只回过一次家，他把每个假期都用在学业上。六年里，钱七虎都没有走出校门去欣赏松花江的美丽雪景。

1960年，钱七虎作为全年级唯一一个全优毕业生，被选拔到苏联莫斯科古比雪夫军事工程学院留学深造，攻读防护工程专业。留学期间，他废寝忘食地学习国外先进军事工程理论和专业知识，并以优异成绩获得副博士学位。

二、耿耿丹心，为国铸盾

“大国利剑舞长空，耿耿丹心筑长城。”1965年，钱七虎学成回国并担任西安工程兵工程学院教员。至此，他完成了从学生到科研工作者的转变，开始了钻研防护工程领域的职业生涯。防护工程成为其为之奋斗终生的事业，亦成为国家御敌于国门之外的坚实盾牌。

1975 年，钱七虎设计出当时国内抗力最高、跨度最大的飞机洞库防护门；1992 年，他主持了被誉为“亚洲第一爆”的珠海国际机场项目爆破工程，开辟了中国爆破技术新的应用领域。在港珠澳大桥海底隧道项目建设上，钱七虎综合考虑洋流、地形、沉降等各方面因素，提出了秉轴持钧的建议性方案。

20 世纪 90 年代，针对未来城市发展需要开发利用地下空间的趋势，钱七虎着手开展了相关研究。他先后参与组织编制与主持评审了全国 20 多个重点设防城市的地下空间规划。此外，南水北调、西气东输、国家能源地下储备、核废物深地处置等这些国家重大工程的背后，都有钱七虎辛勤的身影。

2005 年，南京长江隧道开工建设。钱七虎力排众议，采用“盾构法”取代传统的“沉管法”建设方案。2010 年 5 月 28 日，作为长江流域工程技术难度最大、地质条件最复杂、挑战风险最大的越江隧道，历经 5 年之久的建设，成功全线通车运营。钱七虎也被南京市委市政府授为“南京长江隧道工程建设一等功臣”。

三、十年树木，百年树人

“了却家国天下事，一头白发终不悔。”奋斗一甲子，报国六十年，钱七虎六十年如一日，始终奋斗在祖国的大山深处、戈壁荒漠、边防海岛等工程一线，为铸就坚不可摧的“地下钢铁长城”默默作出贡献。

因科研任务繁重，钱七虎经常睡在办公室，啃馒头吃咸菜也是常有的事，时间长了以后，他患上了十二指肠溃疡和胃溃疡。严重的肠胃疾病尚未痊愈，长期的劳累又诱发了痔疮，但他仍每天工作 12 小时以上。病痛使钱七虎无法像常人那样坐在桌前，他就趴在床上看书写作。钱七虎的专著《有限元法在工程结构计算中的应用》获得全国科学大会重大科技成果奖，我国防护工程领域的首部理论著作《武器效应与地下工程防护》，同样出自他手。

“利民之事，丝发必兴；厉民之事，毫末必去。”2019 年，钱七虎在获得 2018 年度国家最高科学技术奖后，主动把 800 万元奖金全部捐献出来，在家乡昆山设立瑾晖慈善基金，对口资助新疆和贵州地区的困难学生和孤寡老人；新冠肺炎疫情暴发后，钱七虎想着有钱出钱、有力出力，又把 650 万元配套奖金全部捐出。截至 2022 年，钱七虎共资助了 584 位困难的学生，捐助给各慈善事业的院士津贴、获奖奖金和工资等累计有 1800 万元。

“春蚕到死丝方尽，蜡炬成灰泪始干。”钱七虎院士已 86 岁，却依然为国家发展和社会进步殚精竭虑、奉献自己，为我国铸就坚不可摧的“地下钢铁长城”立下了不朽功勋。

资料来源

1. 何晶．钱七虎：铸就中国坚不可摧的“地下钢铁长城”[J]．中国报道，2019(2).

2. 民族骄傲　国之栋梁——记中国工程院首届院士、“八一勋章”获得者钱七虎[J]．中国产经，2022(15).

3. 李莉．毕生铸盾为报国——记国家最高科学技术奖获得者、中国工程院院士、陆军工程大学教授钱七虎[J]．中国科技奖励，2020(12).

4. 钱七虎，为国防工程铸就“金钟罩”[N]．茂名晚报，2019-02-25.

教学建议

本案例可作为《新时代中国特色社会主义理论与实践》(2021 年版)“第五章　新时代中国特色社会主义文化建设”的教学素材。

潘东升：用生命诠释忠诚的优秀公安局长

潘东升，男，1964年9月出生，福建平潭人，中共党员，生前系福州市副市长、公安局局长，福建省公安厅党委委员，一级巡视员。潘东升曾荣获个人二等功2次、三等功1次。2021年9月25日牺牲在工作一线，后被追授为时代楷模、全国公安系统一级英雄模范、全国公安楷模、全国双百政法英模、全省优秀共产党员、八闽楷模、全市优秀共产党员等，并获评全国、全省法治人物致敬英雄奖。“加入公安队伍，就要准备好站着进来、躺着出去。什么是躺着出去？就是时刻准备着，为党为人民牺牲一切。”这是潘东升始终奉为圭臬的一句话。

一、一心为民，一腔赤诚

金色盾牌，松柏常青，忠魂永铸。从警37年，潘东升一直都勤勉敬业、牢记使命、不忘初心，将毕生精力和全部心血都奉献给了公安事业。在三明期间，潘东升发现在全市96个乡镇派出所中，有一半以上的办公楼是20世纪七八十年代建造的、条件十分简陋时，他当即向民警们承诺：“我一定要给大家一个温暖的家！”很快，在他的全力推动下，三明市公安局全面开展“暖警工程”建设，使广大民警更有幸福感和归属感。

在潘东升的带领下，三明市公安局全力推进便民服务，40个办事项目审批时限比法定时限缩短了40%，清理行政职责496项，新增网上办事项目73项、网上便民服务项目149项，80%的审批服务项目实现网上流转办理，群众安全感、满意率不断提升。在党史学习教育、政法队伍教育整顿和福建省委“再学习、再调研、再落实”行动的开展过程中，潘东升针对福州城区机动车“停车难、行车慢、办事烦”等问题，组织单位推出了3批次21项“我为群众办实事”公安交管便民举措，向社会增设9600个停车泊位，允许老旧小区周边指定时段、指定道路单侧有序地停放车辆，允许学校周边接送车辆临时停放。桩桩件件精准破解民生难题，群众停车满意率从之前的72%提升至98.8%。

潘东升推动福州公安将大数据、云计算、系统聚合的理念引入优化提升福州公安交通指挥中心的建设中，并融合5000多个微波、全球眼、地磁、电子警察和城市卡口，583个信号灯路口联网联控，80%以上路口绿波通行，在全国率先推出行人闯红灯、机动车乱鸣喇叭、滥用远光灯“三大自动抓拍系统”，完成840个缓解城区交通拥堵的项目，整治748处道路交通安全隐患路段。福州交通大数据建模成效位居全省第一，城区拥堵状况在全国的排名大幅下降。

为护一方稳定、保一方平安、促一方发展，时刻牢记“人民警察”前面的“人民”二字，潘东升叮嘱说，要利用与群众打交道最多、接触群众最广泛、联系群众最直接的优势，把百姓事当作自己的事，办实办好办满意，更好发挥在党委政府与群众之间的桥梁纽带作用。用心就是要心中有民，心中有责；用情就是要深入基层，深入人民；用力就是要务求实效，务求满意。

二、严管厚爱，待警如亲

严于律己，严出好作风；严管所辖，严出新形象；严管厚爱，硬中带柔情。2017年的夏天，一场重要会议开始后，潘东升担心坚守安保岗位的民警会因高温中暑，便让工作人员为民警送去凉茶，让大家都能轮流稍作休息。

在福州民警中，很多人和自己的另一半两地分居，因此工作调动的问题一直是“老大难”。潘东升调任福州后，积极协调相关部门，探索出台“积分制”：对申请人的警龄、婚龄、工作表现等项目进行量化、形成积分，再根据积分高低，公开透明、公平公正地解决民警夫妻两地分居工作调动、跨市双警家庭工作调动问题。截至2021年9月，福州市公安局的“积分制”团圆计划已经开展了4批次，共帮助68名民警调动工作。解决警察的职级晋升、待遇提高等难题。

初心如磐，坚韧奋斗。无论是在三明还是福州，每到一处，潘东升都心系基层民警的生活冷暖，用心用情推出各项惠警措施，进一步增强了广大民警的归属感和幸福感。

三、执法公正，担当作为

执法公正，清正廉洁，勇于担当，潘东升是一个“善治”的执法者。

2021年3月26日，在福州全市公安机关队伍教育整顿政治轮训班党课上，潘东升结合案例警示全市公安民警严于律己、勇于担当、公正公平。在潘东升看来，“从严治警就是最大的从优待警”，他在面对民警违纪违法问题时毫不留情、严格处理。在反腐倡廉斗争上，潘东升全面推进公安机关党风廉政建设；在政法队伍教育整顿上，潘东升更是发扬刮骨疗毒、刀刃向内的精神，坚决将害群之马清除出公安队伍。

公平正义是公安执法的生命线。为了让群众在每一起案件中感受到公平正义，潘东升对执法规范化建设尤为重视。2020 年 7 月，潘东升在福州市公安局推出接处警"首接首移责任制"，提倡从源头上解决基层一线"谁接警、谁处警"的问题。2021 年，福州公安机关接到群众有效报警近 93 万起，群众对公安民警接处警满意率达 97.94%，位居全省前列。

法令行则国治，法令弛则国乱。法律的生命力在于实施，在于维护社会的公平和人民的利益。潘东升是用生命诠释使命的优秀公安局长，是新时代公安民警队伍中的优秀代表，人民公安为人民，对此，他一生践行。

资料来源

1. 郑明．潘东升：一心为民的好局长[J]. 现代世界警察，2022(4).

2. 热血铸就忠诚警魂——追记"时代楷模"福州市公安局局长潘东升[N]. 光明日报，2021-11-19.

3. 一马当先，敢闯敢拼的专家型局长——追记福建省公安厅党委原委员、福州市原副市长、公安局原局长潘东升[N]. 人民公安报，2021-10-22.

4. 以生命赴使命——"时代楷模"潘东升发布仪式侧记[N]. 福州日报，2021-11-20.

5. 人民公安为人民，他一生践行——记全省优秀共产党员潘东升[N]. 福州日报，2021-10-17.

6. 用生命守护百姓平安——追记福州市公安局原局长潘东升[N]. 中国日报，2021-11-19.

7. 用生命讲述新时代"中国好警察"故事——追记福州市公安局原局长潘东升[N]. 中国日报，2021-10-20.

教学建议

本案例可作为《新时代中国特色社会主义理论与实践》(2021 年版)"第十章　新时代坚持和加强党的全面领导与全面从严治党"的教学素材。

张连印：林地战场上的将军

张连印，男，汉族，1945年1月出生，中共党员，少将军衔，河北省军区原副司令员，被誉为“当代愚公”“绿化将军”“新时代的甘祖昌”“穿军装的杨善洲”。

张连印是山西省左云县张家场乡张家场村人。张家场村位于全国林业六大工程之一的京津风沙源治理区，是我国北方荒漠化土地集中分布区。全村共有土地17754亩，其中耕地只有6346亩，其余11000多亩都是荒山荒坡，风起沙扬。望着一片片光秃秃的荒山，张连印下定决心：“植树造林、治理风沙，给乡亲们做个示范，以回报家乡、报答部队。”

2003年10月，张连印带着妻子离开石家庄，义无反顾地回到老家，开始了植树造林、绿化荒山的新战斗。“植树造林、防风治沙，是咱们国家的一项战略工程，作为一个退休的老兵，我想把植树造林作为自己退休后的最后一个战场。我一不要林权，二不要地权，30年后无偿交还集体。”张连印立下“义务植树、绿化荒山”的军令状。

改变生态环境，不像房前屋后栽几棵树那么容易，它需要科学指导、整体规划。张连印带兵是内行，干这活儿却是外行。不懂就学，他先后20多次到县、市、省林业部门咨询专家，学习生态环境建设的有关知识和植树造林防风治沙的办法，并请省林业勘测设计院的有关专家实地勘察设计，制定出了《张家场生态园林村建设总体规划》。

规划的难题解决后，张连印又遇到了资金不足的难题。从2004年春季开始，他着手修路、通电、打井、修渠、平整土地、育苗，为大规模植树做准备，很快就花光了多年来的30多万元积蓄。张连印只好向儿女们求援：大女儿一家将刚买的一套新房作抵押，贷款20万元送到父亲手中；儿子一家拿出10万元支持爸爸；小女儿将3万元转业费和订婚时公婆给的2万元，一起拿给了父母。张连印又不辞辛劳，走访部队的老战友，跑有关单位和金融部门，多方面寻求支持帮助，总算解决了资金问题。

接下来，就是上山植树了。张连印在荒山上盖起了平房小院，安了家。他和妻子每年有三分之二的时间都生活在这里。日出而作，日落而息，身先士卒，带头苦干，与村民们同吃、同住、同劳动。

由于经验不足，第一年栽下的树苗成活率还不到50%。在成片枯死的树苗前，张连印一坐就是半天。痛定思痛，张连印悉心请教当地农技专家，逐步摸索出适合家乡气候的树种和植树方法。整地、挖坑、植树、围圈、浇水、掩埋……每一道关口都科学把关，终于使树的成活率上升到85%以上。

4 年多的风餐露宿、4 年多的含辛茹苦、4 年多的酸甜苦辣，张连印终于获得了硕果——荒山绿化面积达到了 3000 余亩。黄鹂鸟来了，杜鹃来了，狼和黄羊也出现在山里。

至 2021 年，回乡 18 年，张连印共植树 1.8 万亩、205 万株。“左云县的海拔和纬度较高，4 月温湿度正合适，栽下苗后很快就能发芽。”谈起种树，张连印早已成为行家。“一个人能力再大也是有限的，众人拾柴火焰高。”张连印当初回乡造林，就是为了带动大家共同来绿化荒山。

除了奋战在荒山造林第一线，他还干了三件有口皆碑的事：

第一件事，张连印先后筹措资金数十万元，在家乡的荒山、荒岭上打了 8 眼机井，修了 3500 多米的水泥路，挖了 3400 多米长的灌溉渠，为村里绿化荒山打下了基础。

第二件事，在荒废的河滩上建成了 300 多亩的苗木繁育基地，将自己摸索出的适合家乡自然环境的 20 多个树种，育成树苗近 200 万株，提供给全村、全县绿化荒山。

第三件事，将自己绿化荒山的经验进行系统总结，让张家场村形成的“封山育林、人工造林、种苗繁育基地、农业科技苑、村庄改造”的经验在全县进行推广。2007 年 7 月，这个村被确定为山西省生态园林示范村。

2011 年，张连印被检查出患有肺癌，但他却仍在第二年开春时坚持从治疗地回到荒山造林的一线。“我得让大家都看到我，这样才能发动集体的力量。”榜样的力量是无穷的，张连印持之以恒的开荒造林精神感染了全县干部群众，使荒山绿化队伍形成了百万之众，县、乡、村、集体、个人绿化工程，在塞外高原星罗棋布，方兴未艾。

张连印是新时代革命军人的标杆。军人的血性是敢于斗争、敢于胜利，军人的本职是履行使命、担当尽责。张连印以军人特有的勇气和毅力披荆斩棘，勇往直前，把“一不怕苦、二不怕死”作为人生信条，始终坚守在防风治沙最前线。他用生命书写了革命军人不负韶华、不辱使命的拼搏底色。2021年6月，张连印荣获“山西省优秀共产党员”称号；2021年10月18日，荣获“时代楷模”称号；2022年11月19日，荣获“中国生态文明奖先进个人”称号。

资料来源

1. 青山为证：张连印，新时代党员领导干部的楷模[EB/OL]. 2021-10-18. http://www.taihainet.com/news/txnews/cnnews/sh/2021-10-18/2562643.html.

2. 退休少将张连印：麾下拥有205万个环境卫士的“树司令”[EB/OL]. 2021-08-01. https://baijiahao.baidu.com/s?id=1706848080534372993&wfr=spider&for=pc.

教学建议

本案例可作为《新时代中国特色社会主义理论与实践》(2021年版)“第七章　新时代中国特色社会主义生态文明建设”的教学素材。

陈贝儿：香港和大陆的沟通桥梁

“从霓虹灯的丛林中转身，让双脚沾满泥土，从雨林到沙漠，借溜索穿过偏见，用钢梯超越了怀疑。一条无穷之路，记录这时代最美的风景。”这是“感动中国 2021 年度人物”给香港无线电视女主持人陈贝儿的颁奖词。

穿越几千里路远赴内地，攀爬了四川“悬崖村”超过 1500 米高的几千级钢梯；和云南居民一起用溜索渡过湍急的怒江；站在宁夏西海固的沙漠戈壁体会天气恶劣……从南到北，走进内地 6 个省份、14 个曾经的深度贫困地区，陈贝儿和她的团队用镜头记录大山子孙对贫困的抗争，为香港也为全国观众记录了一份脱贫攻坚成果的珍贵影像。陈贝儿在影片中展示出的勇毅与不屈、真诚与信念，打动了成千上万的中国人。《无穷之路》回响“无穷”，来自内地、港澳和海外的观影好评连连，“真诚”“感动”“认识到了国家的发展”是海内外观众频次较高的留言。面对自己的火爆出圈以及潮水般袭来的关注和喜爱，陈贝儿直言这是一个意外的惊喜，毕竟拍节目前并未有预设，团队初心只是想把真实的情况通过镜头传递给观众。

一、“作为一个媒体人，要亲身去看、去听”

最初决定拍摄《无穷之路》，是因为不满某些外媒恶意编造一些诋毁中国的负面报道。陈贝儿觉得，“作为一个媒体人，我不可以只看人家的报道就信以为真，而是真的要亲身去看、去听，用事实让对方心服口服。”就这样，陈贝儿一行 5 人踏上了艰辛的求索和见证之路。

登上 2556 级的“天梯”，奔赴峭壁上的悬崖村；借助一根溜索，跨越汹涌奔腾的怒江；穿越葱郁茂密的丛林，来到偏远的村庄……克服一个又一个困难，只为最直接地体会脱贫攻坚给当地居民带来的变化。在前往高原拍摄的路上，陈贝儿因为强烈的高原反应住进医院，在病床上她流着泪责怪自己“不够坚强”，但没过多久依然选择向更高海拔的四川理塘进发。

不惧艰险、亲身体验，陈贝儿用最接地气的方式拉近人与人之间的距离。沿途看到值得拍的地方，她会掏出手机及时记录；看到潜在的采访对象，她会主动上前聊一聊。凭借着执着和坚持，一路见人见风景，才有了这些真实的、鲜活的人物故事。也正因如此，陈贝儿的采访总能戳中受访者的心，将脱贫地区最真实的变化呈现给观众。

“对于我自己来说，这不只是一个节目而已。”陈贝儿坦言，“拍摄《无穷之路》更加是一份使命，在拍摄中我每天都在学习。”“观众的支持是非常大的鼓励，也推动我们更加用心、更加努力，来做好我们之后的每一档节目。”

在节目拍摄过程中，陈贝儿收获了许多只有真正走进现场才能获得的体验：“山区的农民很热情，会炒农家菜给我们吃，一盘简简单单的蔬菜都能讲出背后的故事。他们告诉我，菜是刚从田里摘回来的。以前的田地只能种马铃薯，但国家派了农业专家来指导他们，现在同一片田就可以种出更有经济价值的菜，让他们的生活有了很大的改善。当时我觉得心头很暖，从一碟菜就可以感受到人们生活的变化。”

陈贝儿一行人的足迹，串联起一个个饱含真情、直抵人心的故事。通过镜头，为香港同胞打开了一扇了解祖国内地繁荣发展的窗口，也为包括港人在内的更多观众近距离观察脱贫攻坚提供了清晰视角。全面的了解认知、深刻的情感共鸣，拉近了内地和香港同胞的心灵距离，为香港融入国家发展大局注入了更强的信心和动力。

二、“继续作为一个桥梁，用心讲好中国故事”

桥梁，是陈贝儿屡次提及的一个关键词，这是她在促进香港与内地之间互相了解中所扮演的角色。自《无穷之路》播出后，陈贝儿来到了北京、上海、广州、深圳、长沙、成都等内地城市，与传媒业朋友进行了很多交流，深入了解了观众对电视节目的喜好。

在陈贝儿眼里，真的有太多关于中国的故事是值得去拍，也是应该要去拍的。她很希望可以继续作为一个桥梁，用心讲好中国故事。

2022 年，陈贝儿以广州非遗推荐官的身份主持拍摄新纪录片《传承之路》。她走进广州的大街小巷，探寻非物质文化遗产。在陈贝儿看来，粤港澳大湾区的文化同根同源，香港的功夫电影、古装电视剧，都对推广中华文化起到积极作用。而这次，陈贝儿利用自己身为媒体人的专长，进一步推广非遗文化。

第一站便是跟随洪拳第七代传人冯师父学洪拳。陈贝儿透露，这次的经历让她感受到习武之人的坚持精神："我小时候在香港上过武术暑期班，但这次是我第一次拜师学武。冯师父告诉我，他们每天都要练二三十分钟的基本功，但我扎个几分钟腿就软了。大家都非常了不起，洪拳是一个很值得被传承、被更多年轻人认识的非遗文化。"

此外，陈贝儿还走进永庆坊的粤剧艺术博物馆，"粤剧人的戏服是一丝不苟的，这些戏服大多缀满珠片，大老倌穿着这些衣服，一出场就气势十足。而且有些设计现在看上去都非常新潮。"

在陈贝儿看来，这是一次极好的学习机会："比如粤剧，香港人真是从小听到大，但我没有机会了解背后的文化和历史。借助这次节目，我加深了对这些文化的认识。"她透露，《传承之路》还会继续拍下去："除了已经拍完的洪拳、粤剧以外，之后还计划拍舞狮、刺绣等非遗文化。我希望能多做一点推广工作，让非遗文化传承下去。"

资料来源

王磊，可桨锅，胡广欣. 陈贝儿：传递更多真实而有力量的中国故事[J]. 现代青年，2022(5).

教学建议

本案例可作为《新时代中国特色社会主义理论与实践》(2021 年版)"第六章　新时代中国特色社会主义社会建设"的教学素材。

陈家顺：农民工的“贴心局长”

群山深处，寂寥小村，爬着山坡走访村民，陈家顺面不改色，气不大喘，电话接连不断——

有咨询的，有求援的，有洽谈的。

陈家顺一一详答，话语爽朗。

因为到工厂“卧底”、帮农民工了解工作环境而意外成名，陈家顺却一如既往地淡定。他继续扎在农民工中间，披荆斩棘，贴心服务，推动农村劳动力特别是贫困群众“挣票子、换脑子、闯路子”，用行动诠释了人民公仆的本色。

一、“卧底”——“百闻不如一见，百见不如一干”

2007年，陈家顺来到浙江义乌，当起了曲靖市沾益县(现沾益区)劳务工作站站长。领导与陈家顺谈话，“往长三角劳务输出的担子，你要扛起来。”

前脚刚落地，后脚就来了个下马威。他带来的300多名农民工进了厂后，发现工作时间和待遇与此前乡镇干部动员时宣传的不一样。陈家顺火急火燎赶到厂里，农民工哗地围上来。有人恶言相向，“政府和黑心老板一块骗人”。还有人揪住了陈家顺的衣领，要揍他。他成了乡亲的“出气筒”。憋屈，那几天半夜陈家顺醒来就睡不着了。思来想去，他做了个决定：去当农民工，摸摸用工环境！“百闻不如一见，百见不如一干！”他的理由很简单。

他去义乌一家饰品厂当了组装工。每天工作12个小时，头几天陈家顺累得手麻脚肿，吃饭时拿筷子都费劲。1个月下来，他发现企业比较可靠，便介绍了30名老乡进去工作。他又摘掉眼镜，应聘成了一个养殖场的“猪倌”。清扫病猪栏，气味难闻，开始几天他都吃不下饭。“潜伏”了1个月，他感觉养殖场适合年龄大、没文化的乡亲，于是介绍了10多人进去。从2007年到2010年，陈家顺先后5次“应聘”到浙江义乌和江苏扬州的企业，当过串珠工人、仓库保管员、装卸工，酸甜苦辣尝了个遍，也给乡亲们找到了路。

二、维权——“没有解决不了的事，只有想不出办法的人”

2014 年 3 月，陈家顺担任曲靖市人社局副局长兼市劳务产业办副主任。除干好日常工作之外，他还出去搞巡回维权。有人戏言，宁上一次战场，不接一次上访。烫手的维权，躲还来不及，还要主动揽？陈家顺不怕难。他生在农村，又多年带着大家在外打工，深知百姓出现欠薪、工伤后取证解决时的无助。借助于农民工信息员，他能及时掌握相关线索。简单的事，他指导着农民工找当地部门解决；“疑难杂症”，他带着人亲自上。

从 2014 年至 2016 年，陈家顺每年都带人外出维权两次，每次都出行近一个月。到外地人生地不熟，他和同事往往先从 114 查起，找企业电话，然后多方找工友帮忙查找证据，协调当地部门介入。不仅程序冗杂，有时还面临着遭遇人身威胁的风险。“人社干部，干的就是解决民生的事。”陈家顺说，尽管每做一件事都在受煎熬，但解决完是很轻松、踏实、喜悦的。

之后，他又联合 6 个曲靖籍民工较为集中的地方，签协议，建立起异地维权网络。至 2019 年，他和他建立的维权网络，协调处理劳资纠纷 300 多起，为民工挽回损失 2000 余万元。

三、富民——“送出的是劳动力，引回的是生产力”

陈家顺形容自己，脸皮厚，嗓门大。不适合当官，只适合干事。他认为对的事，一定会坚持下去。

“动员转移一人，稳定就业一人，带动脱贫一户”，劳务输出，是贫困群众脱贫的一条可行的路子。这几年，曲靖出去的人不少了，有人说没必要再往外输送人了。对这话，陈家顺不赞同。他认为，输送只是过程，不是目的，目的还是为了更高质量更充分就业，让农民工的素质和就业水平上去。送出的是劳动力，引回的是生产力，最终促进地方发展。他坚持政府推动就业。每年正月初八，他都要在市火车站广场上搞盛大的欢送仪式。他详细讲解外出常识，并叫来记者使劲宣传。“政府不推动，劳务输出难上规模，成气候也会慢好多年。”这几年，他也着力推动发展劳务中介和劳务经纪人，用市场力量去干事。

2019 年，曲靖处于转移就业状态的农村劳动力已达 164 万余人，占全市农村劳动力总数的 51%。

四、关爱——“农民工再小的事，也是天大的事”

农民工的事再小也是大事，哪怕不是分内之责，陈家顺也要管。

那年，厂里要求农民工徐树荣正月初八返岗，但他没买着票。陈家顺初三接到徐树荣电话，初六就把票送到他手上。徐树荣开始以为是“当官的有办法”，事后，他为这念头自责不已。原来，正月初四凌晨5点，陈家顺就叫上妻子和女儿去排队买票，等了4个多小时终于到跟前，票却没了。第二天凌晨，他们一家三口又去排队，才终于买到了票。也是从这一天开始，妻子理解了陈家顺常说的这句话：“我们的工作就是给农民工解决各种难题，这是做好事。为了他们牺牲个人的生活，也是值得的。”桩桩件件，关系到背井离乡的农民工打工生活的质量，陈家顺毫无怨言地客串“保姆”的角色。

同事评价陈家顺，人正，有感染力，很容易进到心里。

妻子评价陈家顺，无趣，但是有情。

农民工评价陈家顺，他就像《大江大河》里累不死的宋运辉，永远那么有激情，有干劲。

可不是吗？每到新年，陈家顺都要翻山越岭走访村民了解务工情况，不知道他身份的，完全看不出他是个干部。特别是那神态，步幅大，声音响，坐在火塘边，和村民聊得非常起劲，有时还比手划脚，活脱脱就是来串门的农民，和乡亲们像得很，也亲得很。

资料来源

孙忠法．农民工的“贴心局长”——记云南省曲靖市人社局副局长陈家顺[J]．劳动保障世界，2019(13)．

教学建议

本案例可作为《新时代中国特色社会主义理论与实践》(2021年版)“第二章　新时代坚持和发展中国特色社会主义”的教学素材。

巨晓林：新时代的奋斗者

2018年12月18日，北京人民大会堂，庆祝改革开放40周年大会隆重举行，知识型企业职工的优秀代表、中国中铁电气化局一公司工匠技师巨晓林荣获“改革先锋”称号。人民大会堂响起的雷鸣般掌声迅速传遍了祖国的大江南北。

一、敢于有梦

20世纪50年代，国家兴建的第一条电气化铁路——宝成线宝鸡至凤州段经过巨晓林的家乡，不少同乡都参加了这条铁路的建设。巨晓林从小就喜欢铁路、喜欢火车，听到很多铁路电气化工人不辞辛苦为祖国兴建铁路的感人故事，便梦想有一天自己也能穿上蓝色制服，成为一名铁路电气化工人。若干年过去，长大成人的巨晓林如愿以偿地成为建设电气化铁路的农民工，一家人非常高兴。临走前，父母一再嘱咐他：“晓林，找个工作不容易，你一定要好好学，好好干！”

短短几句话，巨晓林默默地牢记在心里。这天上午，巨晓林赶到15公里外的蔡家坡车站，踏上了北去的列车。这是他第一次坐火车，他为自己今生能与铁路电气化事业结缘而感到无比庆幸与自豪。

二、勇于追梦

带着对新生活的美好憧憬，巨晓林加入了铁路电气化建设大军。

刚上班时，巨晓林对铁路电气化技术是“睁眼瞎”，看着一张张犹如天书的施工图纸和一堆堆叫不上名字的接触网零部件，他有点发懵。带他的师傅鼓励说：“别着急，慢慢来，只要下苦功，没有学不会的。”他把师傅的这句话牢牢记在心里，白天跟着师傅学，晚上撵着师傅问，营地熄灯以后，还悄悄地打着手电筒继续学，并把学到的技术要领都记在本子上。有一位工友问他：“你一个农民工，学那玩意儿有啥用？”他回答说：“咱一个农家子弟，找份工作不容易。干，就要干好！咱农民工也要努力学技术，成为懂行的人。”在以后的工作中，他铆足了劲儿，发誓一定要在铁路接触网这一行干出点名堂来，为农民工兄弟争口气。

三、勤于筑梦

随着我国铁路事业的快速发展，一批又一批农民工来到铁路电气化工地工作。看到一些新来的工友学习接触网技术有点吃力，巨晓林便萌生了编写一部《接触网施工经验和方法》工具书的想法。他要把自己的工作经验传授给新来的工友，让他们早一点成为铁路电气化施工的骨干。

写书，对于他这个高中生来说，就像是攀登一座高山。有人不理解，说他是自找苦吃。他听了并没有气馁，因为他心里始终揣着一个梦想："要用知识武装自己的头脑，要用技术提高农民工的地位！"

在单位领导、工友和亲人的支持下，经过3年多的艰苦努力，巨晓林终于完成了《接触网施工经验和方法》书稿的写作。中铁电气化局组织有关专家对书稿进行了科学论证和精心修改，编印成书，发到全局数千名接触网工手中。在公司职代会上，巨晓林发表了《农民工也要有知识、有技能、敢为人先》的主题演讲。他饱含深情地说："党和政府给了好政策，企业搭建了广阔舞台，只要肯努力，人人都可以成才。"

2010年5月，巨晓林作为高技能人才被选调到举世瞩目的京沪高铁参加施工技术攻关。2012年2月，巨晓林荣获铁道部京沪高速铁路"十佳建设标兵"称号。"巨晓林技能大师工作室"在中铁电气化局一公司挂牌成立，巨晓林成为全国铁路电气化建设领域高技能领军人才。

巨晓林自豪地说："铁路电气化事业，是我实现梦想的舞台，能亲手建造世界一流的高速铁路，是我一生的荣光！"

四、臻于圆梦

2012年11月8日，巨晓林肩负着中国中铁电气化局和北京市180万党员的重托，步入庄严神圣的人民大会堂，光荣地出席了党的第十八次全国代表大会。会后，他创作了一幅特别的漫画，这幅漫画是一个放大镜，放大镜里面有一颗赤诚的心，他用这颗赤诚的心在党的十八大报告中找到了方向，找到了党和国家建成小康社会的信心，也找到了自己和亿万农民工兄弟的热切期盼。党的十八大新闻中心为巨晓林安排了中外媒体集体采访活动，中央电视台、《工人日报》《北京日报》等首都主要新闻媒体在重要时段和显著版面对巨晓林作了采访报道，巨晓林成为十八大最受关注的草根明星。

2018 年 10 月 29 日，习近平总书记在中南海会见中华全国总工会新一届领导班子成员并与大家一一握手，当再次与总书记温暖的手握到一起时，巨晓林感受到了总书记莫大的信任和期望。巨晓林向总书记简要汇报了自己担任全总兼职副主席的工作情况，并饱含深情地说："我要把再次当选全总兼职副主席作为一个新的起点，忠诚履职、积极作为，努力维护职工合法权益，竭诚服务职工群众，发挥好示范带头作用，同中国中铁和全国亿万职工群众一道，为实现党的十九大提出的目标任务而不懈奋斗，绝不辜负总书记的信任和职工群众的期盼。"

"一个有希望的民族不能没有英雄，一个有前途的国家不能没有先锋。"巨晓林从一个普通的农民工成长为国家技能大师、全国劳动模范，所有的成长进步都源于他不忘初心、牢记誓言。在他的身上充分展现出我国工人阶级对党忠诚、崇尚实干、勇于创新、乐于奉献的优秀品格，他用实际行动诠释了劳模精神、劳动精神、工匠精神，唱响了劳动最光荣、劳动最崇高、劳动最伟大、劳动最美丽的主旋律，在改革开放伟大变革中谱写了奋斗者的精彩华章！

资料来源

张世永．知识型企业职工的优秀代表巨晓林[J]．企业文明，2019(1).

教学建议

本案例可作为《新时代中国特色社会主义理论与实践》(2021 年版)"第三章 新时代中国特色社会主义经济建设"的教学素材。

支月英：大山深处“燃灯者”

一双布鞋、一根扁担，她围绕着大山，跋涉了许多路；一如既往、始终如一，她吃了很多苦，但给孩子们的都是甜；一句承诺、一生责任，默默坚守不言放弃，这是她的信念。从“支姐姐”到“支奶奶”，四十余载的光阴，绚烂了两代人的童年，也花白了她的麻花辫。她就是教育了大山深处两代人的支月英老师。

一、我愿意永远做那棵树、那朵云

“教育意味着一棵树摇动另一棵树，一朵云呼唤另一朵云。如果可以，我愿意永远做那棵树、那朵云，用自己的灵魂去呼唤另一个灵魂，让更多的孩子走出大山，远离贫困。”这是支月英对教育的朴素理解。

1980年，年仅19岁的支月英怀揣着献身教育的理想和激情，开始了乡村教师生涯。她清楚地记得第一天到学校的场景：教室里的黑板已经磨损破旧得不像样子，课桌椅拼拼凑凑，高的高、低的低，有的凳子只有三条腿，门窗也都破败不堪。支月英觉得自己身上的担子更重了。

为了改善学校设施，她想办法弄来塑料薄膜和钉子，自己动手把教室门窗整修好。当时村子里不通汽车，每逢开学，学生们的课本、教学用具等都要靠支月英和其他老师步行几十里的山路，肩挑手提运上山来。

“来那里之前，我从来没走过山路，根本走不过别人，经常走一会儿就被落在后面，急得我大哭。”支月英回忆起当年走山路的情形仍记忆犹新。为了方便工作，支月英和别人合伙买了一辆摩托车。20多年里，在这崎岖颠簸的山路上，支月英先后骑坏了6辆摩托车。然而，哪怕再苦再累，她也从未想过离开这里，“既然决定了要留在这里，这就是我对孩子们的承诺，我绝不会离开。”

二、只有坚守了，才有希望

“我不是因为有希望才选择坚守，而是因为只有坚守了，才有希望。坚守山村教学不是一份简单的工作，而是对山里孩子的一个承诺、一份守护。”每当有人问她为什么能坚持这么久，她总是这样回答。

八九十年代时，山里不少人家重男轻女，不让女孩读书。很多山里人认为，“女孩子，总归要嫁人，读什么书？”“家里穷，读不起了，读不读都一样。”但是支月英从没有觉得女孩子就不应该上学，认为男女应当平等接受教育。看着孩子们渴望知识的目光，支月英对孩子们表态，“我绝不让一个孩子因贫辍学”。

就冲着这么一句话，她坚持了四十一年。每次课后，她都要一趟趟地走门串户，反复找家长谈心，做他们的思想工作，动员家长把孩子送来上学，不让村里任何一个适龄的孩子辍学在家。

对于调皮好动的学生，支月英甚至比他们的父母还要用心，总是不厌其烦地盯着他们上下学、按时完成作业。每逢下山，支月英还会细心挑选一些既让孩子们感兴趣、又能增长知识的课外书带回来，帮助孩子们养成阅读的好习惯。

在山里一待就是几十年，许多来的老师也都慢慢离开了，越来越重的担子落在她的身上。2003 年 10 月 18 日，站在讲台上的支月英突然感到一阵剧痛，疼得她满脸大汗。学生们发现老师不对劲，于是赶忙找来家长，把支月英送到了医院。经过检查，她患上了胆总管结石，需要开刀手术。几年后，由于工作压力，她又因为高血压导致视网膜出血，只剩下一只眼睛看东西。

即便身体已经不堪重负，她依然不愿意任何一个孩子离开她的教室，总是尽自己最大的努力让村里的每一个孩子都能正常上学。

三、山里需要我这样的傻子

村里总有人说：“支月英真‘傻’！别人都往山下走，你却越走越往深山里去。”支月英听到这样的话时总是淡淡一笑，开心地说：“山里需要我这样的傻子！”

2012 年 2 月，组织上考虑到支月英的身体状况，决定调她下山到中心小学任教。正在此时，距离泥洋村 10 多里路、更偏远的白洋村群众联名请支月英到白洋村任教。

走出大山，摆脱贫困，是山里所有人的梦想。随着农村城镇化建设不断推进，泥洋小学撤销，家人以为她终于可以下山了。但是比泥洋小学更远更艰苦的白洋教学点需要老师，她不想让白洋的群众失望，更希望白洋的孩子们能够就近读书。“如果大家都离开，山里的孩子谁来教？我爱山里的一切，爱孩子们，如果没有爱，就没有我的坚守。”于是，怀着对家人的愧疚，支月英再一次放弃了下山的机会，毅然决然地选择去白洋村陪着几十名留守孩子。

2016 年 5 月，支月英已到退休年龄，本可回到县城安享晚年，但在乡亲们的挽留下，她选择继续留在白洋教学点任教。“我是大山的女儿，只要身体允许，我就一直在这里待下去。”

支月英的事迹感染了很多人，她先后获得“全国三八红旗手”“中国好人”“全国模范教师”“全国师德楷模”“全国教书育人楷模”“全国优秀共产党员”“全国脱贫攻坚先进个人”等荣誉称号。2021 年 11 月 5 日，支月英被评为全国诚实守信道德模范。“看到自己教过的孩子们学到了知识、学会了做人、走出了大山、在各行各业努力奋斗，我打心底里高兴。即使重新来过，我还是会做同样的选择。看见学生们从懵懂孩童成长为对国家有用的人，这是我最大的幸福。”谈及过往，支月英从不后悔。

资料来源

何玲，孟佳惠，鲁哲．支月英：大山深处“燃灯者”[J]．中国信用，2021(12).

教学建议

本案例可作为《新时代中国特色社会主义理论与实践》(2021 年版)“第五章　新时代中国特色社会主义文化建设”的教学素材。

郭万刚：一诺千金，一生相守

郭万刚是甘肃省武威市古浪县八步沙林场场长。2021 年 11 月 5 日，他被授予“第八届全国道德模范”荣誉称号，是当年 13 名“全国诚实守信模范”之一。领完奖的第二天，郭万刚就踏上了归途。他心里放不下的，是这个他与之抗争、却也相伴了几十年的沙窝窝——八步沙。他与八步沙的“缘分”，源于近四十年前许下的一个承诺。

一、一个承诺

郭万刚的家乡古浪县地处河西走廊东端，北邻腾格里沙漠，是全国荒漠化重点监测县之一，全县沙化土地面积达到 239.8 万亩，风沙线长达 132 公里。

“一夜北风沙骑墙，早上起来驴上房”。生活在这里的人们在风沙侵袭中艰难生存。到 20 世纪 80 年代，沙化加剧。春季的一场“黑风暴”往往会使一年的庄稼绝收。

八步沙地处腾格里沙漠南缘，是古浪县人与沙漠抗争的最前沿，也曾是当地最大的风沙口。“为了保住自家耕地不被沙子埋掉，我父亲从 20 世纪 60 年代起就在家门前的一块地上治沙。”郭万刚说。

1981 年，郭万刚的父亲郭朝明和贺发林、石满、罗元奎、程海、张润元六位老人响应国家号召，在合同书上郑重摁下指印，以联户承包的形式组建了八步沙集体林场。

本着保护家园的朴实信念，几位老人同大自然顽强抗争。树苗栽上、被风沙吹走、再栽上……渐渐地，他们发现，周围有草的树苗可以保住。于是，他们在树窝周围埋上麦草以抵挡风沙。慢慢地，八步沙的树多了起来。为了让治沙后继有人，郭朝明动员儿子郭万刚接自己的班。对于接班，当时在供销社端着“铁饭碗”的郭万刚并不情愿。

当时八步沙条件极为艰苦，治沙全凭“一双手”，一旦答应下来就意味着一年四季在沙窝里打转转。

“当时父亲再三跟我说，不论多苦多累，一定不能让沙子把我们的地埋掉。”郭万刚看着好不容易栽活的树苗，想到父亲多年的辛劳，身为家中长子的他只得答应父亲，替他“守住八步沙”。

二、四十年坚守

当时，郭万刚虽然来了，但并没有下定决心将一生都奉献给八步沙，对于未来他其实很迷茫。“当时我想，一个农民，生活来源都不能保证，哪有能力一直治沙。没想到一干就干了40年，这也是我和八步沙的缘分吧！”

是什么让郭万刚下定决心坚守八步沙？郭万刚回忆起自己经历的一场特大沙尘暴。

1993年5月5日下午，被当地人称为“黑风暴”的沙尘暴袭来之时，郭万刚和第一代治沙人罗元奎老人正在沙漠里巡逻。他们在昏天暗地的沙漠里左突右冲，转了六七个小时才走出沙漠。沙尘暴所到之处，刚刚发芽的庄稼严重受损，乡亲们那一年又没了收成。回到家之后，他们听说古浪县有20多个学生娃因为那次特大沙尘暴失去了生命。

“如果我们的土地保不住，我们的孩子也保不住，我们还有什么希望！从此我下定决心，这辈子要把治沙这个事干到底。”从那时起，郭万刚才真正意识到自己对父亲许下的那个承诺有多重。

春秋两季治沙造林，冬季护林防火、修剪林木，这些八步沙的农民一年四季都与草方格为伴，没有“农闲”。面对一眼望不到头的黄沙，他们一年又一年义无反顾地重复着枯燥而艰苦的治沙生活。

当初在合同书上摁下手印的六老汉，已经有五位老人相继离世。石银山、王志鹏、程生学、罗兴全、贺中强等第二代治沙人继续奋斗，扛起治沙重任。

一把草、一棵树……渐渐地，八步沙有了绿意。据测算，八步沙林场管护区内的林草植被覆盖率，由治理前的不足3%提高到现在的70%以上，形成了一条南北长10公里、东西宽8公里的防风固沙绿色长廊。

“国家的治沙造林项目为我们补助了苗木费和劳务费，农田和村庄保住了，大伙儿心里暖烘烘的。”郭万刚说。

治理完八步沙，第二代治沙人抬头看向了沙漠更深处。他们治沙的脚步向距离更远、条件更加艰苦的地方迈进。

因为新的治沙点距离林场较远，他们像父辈一样，卷起铺盖睡在沙窝里。沙地上挖个坑，上面搭成简易帐篷，这样的“家”他们一住就是十几年。40 年来，八步沙林场累计完成治沙造林面积 25.2 万亩，封育管护面积达到 43 万亩。

三、治沙人的新愿望

寒来暑往、春去秋来，梭梭、花棒、沙枣、柠条都已扎根八步沙。这些年来，通过国家政策支持和治沙人的坚持，古浪县的生态环境已经有了明显改善。

“从 20 世纪 90 年代到现在，从过去的‘沙进人退’到现在的‘人进沙退’，我们这里的风沙天气少了很多。无论是刮风天数、风力级别，还是降雨天数，都能反映出生态环境的明显改变。”郭万刚说。

这些年，八步沙林场已经从当初的“六老汉”联户承包，发展成一个有 20 多名员工的集体林场。为了实现林场市场化运营，八步沙林场还成立公司，开展多种经营，发展林下经济，承包各种绿化工程。每年有 300 多人参与到承包绿化工程中。

治沙造林的社会化程度越来越高。“我们需要更多年轻人参与进来，利用科学治沙、工程治沙这样的好办法，把我们古浪县的沙化土地治理好。”郭万刚说。

2017 年，郭朝明的孙子郭玺加入林场，成为八步沙第三代治沙人。近两年，先后有几名大学生来到林场。新生力量的加入，给八步沙带来新的活力。现在，八步沙林场每年完成治沙造林近 3 万亩，其中约 2 万亩是通过年轻人主导的“蚂蚁森林”项目完成的。

从 2018 年开始，他们尝试在梭梭上嫁接肉苁蓉，这样既能治沙又有经济收入。这是郭万刚的父辈们想都不敢想的事。现在的八步沙，每到春天就会开满各色小花。喜欢花的郭万刚闻着淡淡花香，细细体味着耕耘过后收获的满足。他坚信，八步沙一定能守得住。

资料来源

多蕾．治沙英雄郭万刚：一诺千金，一生坚守[N]．新华每日电讯，2022-01-25(11).

教学建议

本案例可作为《新时代中国特色社会主义理论与实践》(2021 年版)“第七章　新时代中国特色社会主义生态文明建设”的教学素材。

肖文儒：创造生命奇迹的“应急救援人”

肖文儒，1962年8月生，山西朔州人，曾任国家安全生产应急救援中心副主任兼总工程师。自1983年参加工作以来，一直从事矿山安全生产和应急救援工作，从一名普通的救护队员做起，练就了精湛的矿山救护技术、高超的应急救援本领，成长为一名杰出的矿山救援指挥专家。

2021年11月，中宣部授予肖文儒“时代楷模”称号。发布仪式现场，当肖文儒讲述起那些惊心动魄的救援故事时，仿佛阳光洒进演播厅，犹如在矿井深处，那束带给被困人员、明亮而温暖的光……

一、越是险象环生，越要向险而行

1983年，肖文儒21岁。那年，他从山西省雁北地区煤矿学校毕业，被分配到大同矿务局矿山救护大队工作。彼时的他年轻气盛、意气风发，怀着初生牛犊不怕虎的豪情，苦心钻研矿山救援业务，一门心思想做救人的“活雷锋”。

20世纪八九十年代，大小煤矿事故多发，肖文儒和队友们开始了一段与“魔鬼”打交道的日子。一次，原大同矿务局一煤矿采空区着火，救援人员忍受着接近人体极限的高温，沉到井下控制火势。一位队友在此过程中走错了方向，最终不幸遇难。肖文儒目睹了队友的牺牲，内心犹如经历了一场海啸。

然而，旧伤未愈又添新伤。1988年，身为刑警的肖文儒的四哥因公殉职，年仅29岁。这一噩耗彻底击溃了肖文儒的母亲，自此，她坚决反对孩子们继续从事“把脑袋别在裤腰带上”的工作。

那段时间里，肖文儒曾挺立在心头的“救人于危难”的理想，在母亲担忧的泪水中变得摇摆不定。

放弃？还是坚持？肖文儒陷入了从未有过的迷茫。然而，一次刻骨铭心的救援，如同黑夜里的微光，照亮了他的前行之路。

那次，原大同矿务局雁崖矿突发井下中央变电站着火事故，身为雁崖矿山救护大队的队长，肖文儒立即带领队员深入井下救援，并成功救出所有被困人员。升井后，一位80多岁的老母亲“扑通”一声跪在他面前，在强烈的抽噎声间隙断断续续地说：“谢谢你们……救了我的孩子……”

这一跪，深深印刻在肖文儒的脑海中，彻底坚定了他“择一事，终一生”的信念，也让他真正感受到应急救援之伟大、拯救生命之光荣。

二、只要人能救出来，一切都值了

在救护大队的那些年，肖文儒在一次次生死以赴的救援中积累了丰富的实战经验，练就了过硬的救援本领。这些经验像积蓄能量的种子，不断生根、发芽、结果，带给肖文儒信心与力量。

2017年10月18日，辽宁省阜新万达煤矿发生透水事故，83人被困。井下险象环生，作业现场局部瓦斯浓度达到4%并继续上升，但凡有一点火星便能引起爆炸。肖文儒冒着生命危险，两次下井查看现场救援情况，连续11个小时在井下指挥救援，最终83名矿工全部获救。

谈起这场救援，肖文儒至今记忆犹新，他说：“最幸福的事莫过于历尽千辛万苦把人救出来，确实很危险，但只要人能救出来，一切都值了。”

2021年4月10日，新疆昌吉州呼图壁县丰源煤矿发生透水事故，21人被困井下。现场情况瞬息万变，回风井井下原本平静的水面突然浪花翻涌，在场其他专家一致判定：井下出现新的透水点，建议立即终止排水。此时，肖文儒站了出来，坚持认为这种现象是透水事故中常见的涌气，建议立即恢复排水作业，加快救援进度。事后，专家们经实地查验，他的判断完全正确！多年来，肖文儒凭借着一次又一次科学决策与果断建议，成为矿山救护队当之无愧的“定海神针”，“专业、权威”也成为他的金字招牌。

三、只要救援需要，我随时准备出发

“百姓过节我们过关”，几乎是每个应急人的真实写照。参加工作以来，肖文儒平均每年出差100天以上，日常通宵达旦连续工作几十个小时也是常态。他右眼角的伤疤，是烧焦的拉链蹭到脸上留下的印记；变形的关节，是长期水里来火里去刻下的烙印；心脏里的3个支架，是长年累月过度疲劳的“见证”……每一次“地心营救”，肖文儒的身体都一笔一笔地“记”着，化为不可磨灭的“勋章”。

长期奔波在外，家人是他最大的亏欠。

2009年，肖文儒的母亲去世，自此，故乡成为“回不去的他乡”，哪怕清明祭扫，他也很难有时间赶回去：2010年在山西王家岭、2011年在北京、2013年在吉林通化、2016年在新疆喀什……

自古忠孝难两全，肖文儒说：“为国家尽忠，也算对父母最大的尽孝吧。”

2021年，山东省栖霞市笏山金矿在基建施工过程中，回风井发生爆炸事故，造成22人被困。事故发生后，肖文儒第一时间赶往现场，摸清现场情况，科学制订救援方案，协调专业救援力量……经过连续奋战，他的一系列卓有成效的工作为成功救出11名矿工发挥了关键作用。

这次救援中，被困矿工从井下传回的纸条感人至深：“麻烦再送一部电话作为备用，联系不到你们我们就找不到党了。”如今，这张纸条的复印件就摆在肖文儒的办公桌上，他说：“我们的矿工兄弟在身处绝境时，首先想到的是党，把生的希望寄托在党的身上，这也再次印证了我们党的百年历史，就是一段与人民心连心、同呼吸、共命运的历史，我作为一名老党员，为我的职业深感光荣与自豪。”

2019年，肖文儒获评“最美应急管理工作者”，他的老同事孙国建这样评价道：“肖文儒是一个把职务看‘淡’，把专业做‘精’，把人写‘大’的人。”

“您好肖队长，我叫何俊胜，是2009年在四老沟矿事故中被您救出来的矿工……”“我叫张纪，是2021年栖霞市笏山金矿被您救上来的一名矿工……”

这是“时代楷模”发布仪式上特意为肖文儒准备的“惊喜”：节目组从天南海北找到数位被他成功救出的矿工代表，隔着屏幕向他表达满腔的感谢、感激与感恩。

看到屏幕上这些熟悉又陌生的面孔，一向沉稳内敛的肖文儒第一次面对镜头眼眶湿润、声音哽咽……那一刻，被救人员的岁月静好，让肖文儒以及他身后的这支应急管理救援队伍一直以来的负重前行，变得闪耀无比、意义非凡！

资料来源

王虎成，黄昊，李辉．肖文儒：矿井深处的一束光[J]．党建，2022(3)．

教学建议

本案例可作为《新时代中国特色社会主义理论与实践》(2021年版)“第五章　新时代中国特色社会主义文化建设”的教学素材。

李桓英：唯愿世间无麻风

李桓英(1921—2022)，首都医科大学附属北京友谊医院、北京热带医学研究所研究员，著名麻风病防治专家，曾获首届“中国麻风病防治终身成就奖”，2021年入选“3个100杰出人物”、中宣部授予“时代楷模”称号。

一、不慕名利的爱国者

1921年8月，李桓英出生于北京。李桓英的祖父和父亲都是知识分子，祖父曾赴日留学，父亲毕业于德国柏林科技大学。李桓英儿时曾随父亲在德国生活过两年，之后受到家庭影响逐渐走上医学道路。

1939年，李桓英考入同济大学医学院。之后，她进入美国霍普金斯大学就读细菌与公共卫生专业，立志为广大群众服务。毕业后，李桓英先在霍普金斯大学任教数年，之后于1950年被霍普金斯大学推荐到初建的世界卫生组织工作，成为世界卫生组织首批技术专家之一。

李桓英在世界卫生组织工作了7年，脚步遍及亚洲、非洲、美洲的众多国家，为性病、雅司病等疾病的防治四处奔波。在这7年中，李桓英深切感受到在经济落后、人民贫穷的国家里，疾病蔓延会为民众带来多大的痛苦，这也让她更加心系祖国，热切地想要投身新中国的卫生健康事业。

20世纪60年代，李桓英的父母担心女儿的生活，从美国赶往香港，劝她去美国和家人团聚。许多人以为李桓英会就此一去不复返，但没过多久她就回到了工作岗位上。

“我回国的目的是什么？不就是要为祖国服务吗？国家这么困难，如果弃之而去还不如当初就不回来。”李桓英说。

二、北京来的大“摩雅”

1970年，李桓英第一次来到苏北“麻风村”，接触到了麻风病人。

从古代起，麻风病就是令人望而生畏的恶疾。这种疾病由麻风杆菌引起，患者身上先是出现不易察觉的浅色的色斑和皮损，然后随着病情加重导致脸部、肢体畸形。在医学知识尚未普及的时代，麻风病导致的色斑和畸形令人们恐惧，麻风病患者备受歧视，承受着身体和精神上的双重痛苦，许多患者被驱逐出原居住地，不得不在远离人烟的地方艰辛求生，这些麻风病人聚集的地方就被称为“麻风村”。

20 世纪 40 年代，用于抑制麻风病的药物氨苯砜问世。但直到 70 年代，麻风病的综合防治依然是世界级的难题。1978 年改革开放之后，李桓英被调到北京友谊医院工作，并担任北京热带医学研究所研究员，正式投入到麻风病防治工作中。

当时，麻风病在中国广东、广西、四川、云南及青海等地区广泛流行，迷信和恐惧让麻风病的防治工作困难重重，许多从医者都对麻风病绕道而行，不了解相关知识的普通人更是“谈麻色变”。

李桓英却毫不畏惧。她说：“麻风病传染性有限，可防、可治，不可怕。只有深入到病人身边，进行非隔离治疗现场研究，才能解病人之疾苦、消社会之歧视”。

她是这么说的，也是这么做的。

为了开展麻风病防治工作，李桓英亲自走过西南地区的 59 个麻风病高发县，乘车绕山、坐船渡水，深入各地的“麻风村”，每次往返路程都要花几天时间。路途艰险，李桓英多次遭遇翻车、翻船事故，却从不退缩，从海拔 3000 米以上的迪庆藏族自治州，到中缅边境最偏远的阿克老寨，处处都留下了她的足迹。李桓英接触麻风病患者时不穿防护服，见到病人就握手问候，和病人们同饮同食。她真诚自然的表现令病人们深受感动，当地的傣族、苗族、壮族、白族、哈尼族等各族麻风病人充满敬意地称李桓英为“北京来的大‘摩雅’(医生)”。通过长期的理论研究和实地走访，再结合世界卫生组织和世界各国的新药物、新治疗方案，李桓英创造了服药 24 个月的“短程联合化疗”治疗方案。

李桓英先是用两年时间治愈了勐腊县的 47 位重度麻风病患者，接着又在几年时间里让中国麻风病患者的数量从 11 万人下降至不足万人，年复发率降至 0. 03%。这一数字远低于世界卫生组织“小于 1%”的标准。

她不仅攻克了一种疾病，还让麻风病患者重获尊严。麻风病再也不是被人们恐惧的“恶疫”，麻风病患者也不再被人们疏远排斥。“麻风村”因为她重获新生，李桓英为这个村子起了新名字——“曼南醒村”，意思为新生的村寨。

经过长达 10 年的考察论证，1994 年，李桓英的“短程联合化疗”治疗方案正式被世界卫生组织推广至全球，为数以万计的麻风病人解除了痛苦。

李桓英的脚步仍未停下。1996 年，李桓英又率先在国内开展“消除麻风运动”，首次提出了麻风病垂直防治与基层防治网相结合的模式，这一模式被誉为“全球最佳的治疗行动”。1998 年，国际麻风会议首次在北京召开，李桓英被推选担任大会轮值执行主席，她在会上作了《在云南实施麻风病防治特别行动计划》的报告，广受参会专家们的赞誉。2001 年，李桓英主持的“全国控制和基本消灭麻风病的策略、防治技术和措施研究”获国家科学技术进步奖一等奖。

三、为麻风事业奋斗终生

2016 年 9 月，第 19 届国际麻风大会在北京召开，李桓英获得首届“中国麻风病防治终身成就奖”。当月，95 岁高龄的李桓英向党组织递交了入党申请书。同年 12 月，她和年轻的医务工作者一起庄严宣誓，正式成为一名共产党员。

在她的入党申请书上，她这样写道：“在多年的社会生活和医疗工作中，我深刻领悟到中国共产党是全心全意为人民服务的党。也正是在党的培养、支持和帮助下，我为广大麻风病患者做了一些工作，取得了一定的成绩，党又给了我很多荣誉和鼓励。我虽已进入耄耋之年，但愿意以党员的身份为麻风事业奋斗终生!”

即便年过百岁，李桓英依然在继续前进。她积极了解新的医学文献和研究成果，带领课题组的同志踏足分子生物学领域，开展麻风病早期诊断、耐药基因检测和分子流行病学研究；北京友谊医院牵头建立了以她名字命名的“北京市李桓英医学基金会”，迄今为止已选送 200 余人前往世界一流科研院所学习深造。

李桓英念念不忘的是“彻底消灭麻风病”的理想。因为她和其他“战麻斗士”长达几十年坚持不懈的工作，现代人对麻风病的印象已经十分模糊，很多年轻人甚至都不知道这种疾病的存在。但李桓英持续优化麻风病的治疗方案、缩短疗程，就是要让麻风病在中国彻底消失。

资料来源

夏烨．李桓英：唯愿世间无麻风[J]．健康中国观察，2021(10).

教学建议

本案例可作为《新时代中国特色社会主义理论与实践》(2021 年版)“第五章　新时代中国特色社会主义文化建设”的教学素材。

钱海军：多行一步，多帮一点

钱海军，男，汉族，1970年2月生，中共党员，国网浙江慈溪市供电公司客服中心社区经理、钱海军志愿服务中心理事长。钱海军从事电力服务工作30余年，从一名普通的电力工人成长为有口皆碑的“万能电工”。

1998年10月，居委会文书请求刚搬入中兴小区的钱海军：小钱师傅，你是电工，能不能免费帮我们小区修修电路？钱海军爽快地回答：闲话一句(方言，一句话的事)，报酬不要。第二天，钱海军早早来到居委会填写了一张申请表，从此踏上了“多行一步，多帮一点”的志愿服务之路，一走就是20多年。回想自己坚守一线岗位执着志愿服务的初心，钱海军常会提起三位电工的故事。

第一位是他的父亲，共产党员，总是免费为左邻右舍修电灯、换保险丝，而且做这些事的时候一直乐呵呵的。朴素的家风滋养了一颗热诚的心：能用一技之长帮助别人是值得的，能够帮到别人，自己也会快乐。如今，钱海军一提起家人对自己公益事业的理解和支持，特别是女儿愿意追逐他的脚步，眉眼之间就会充满自豪与欣慰。

第二位是徐虎，共产党员，在房管所挂出“水电急修特约报修箱”，下班时间义务服务居民，十多年从未失信。徐虎的名言是：你不奉献我不奉献谁来奉献，你也索取我也索取向谁索取？当年，钱海军从职业高中毕业刚走上电工岗位，电视里、报纸上徐虎“辛苦我一人，方便千万家”的事迹报道，坚定了年轻人的公益心：我也是个电工，我也能做到。

第三位是林老先生——一位八级电工，再复杂的电路问题都难不倒的电工“大神”。1999年，钱海军帮林老修电灯时，老人落寞的神情和“人老了，没有用了，连个灯泡都换不了喽!”的黯然叹息刺疼了他：不管多能干的人，老来总是万事难，我该去帮一把。恤老的传统凝注了奉献的力量：一张张大字号的名片留在了空巢老人手里，“电力义工钱海军”从此没换过手机号，24小时开机，无论刮风下雨，从未令拨打电话的老人失望。

有人说钱海军“脑子坏掉了”，钱海军只是笑笑：等他们老了，或者他们的电灯不亮、空调不转了，就懂我了；大家可以换个角度想想，每个人需要帮忙的时候，如果有人能马上出现，是不是会感到很温暖？虽然俗话说多一事不如少一事，事多麻烦多，但我还是愿意尽力，多帮一个是一个。

技术好、服务好、口碑好是钱海军追求的“三好”工作标准，字面简简单单，真心去做才会知道其中的难度。

在钱海军眼里，电路故障维修不是简单地换个保险、推个闸——为什么会出现故障？是用电设备老化了还是漏电了？一定要把根源找出来，解决好才行。钱海军希望用户相信“这活儿是钱师傅看过的，那就放心”。逐渐地，“万能电工”小钱师傅水平高、态度好、干活不分“表前表后”的名声不胫而走。

“表前表后”是行话。以用户电表分界，表前，是从电网进入电表的线路，归供电公司维护；表后，是电表伸向用户家中的线路，归用户维护。钱海军坚持自己贴材料，免费为用户解决“表后”电路问题。钱海军汽车的后备箱里装着自费买来的各种元件，开关、插座、启辉器、灯泡……该去哪家店买什么，他心里都有数，可问起这些年究竟贴进多少材料费，钱海军总是笑着摇头说：不知道。

随叫随到是钱海军的承诺。无论路途远近，接到求助电话，他总是爽快地回答：“我马上来”，然后便会如约出现在求助者面前。最忙的时候，钱海军一天接过 21 个求助电话。除夕之夜，求助电话一个接一个，他接连跑了 4 户人家，半夜回到家泡碗方便面权当“年夜饭”。大年初四，他帮老人更换线路，从早上 8 点一口气干到下午 3 点，连老人给的水都不喝一口，老人说起来直流泪：“这个社会有这么好的人啊！”有的老人求助的不仅是用电服务，还有真心的关怀，他有时维修只花十几分钟，但会陪老人聊天一两个小时，只为老人笑得开心。

钱海军的事迹从百姓口口相传逐渐得到社会认可。2012 年起，国网浙江、宁波、慈溪三级公司推动，陆续成立了数十支钱海军共产党员服务队和钱海军志愿服务队、钱海军道德模范工作室，在民政局注册了钱海军志愿服务中心，着力发挥先进典型的示范、带动、辐射作用。

无偿服务能否高标准？不收费是否会不负责任？志愿服务也会遭遇质疑。钱海军经常对大家说：无论是做本职工作还是志愿服务，都要不断扩充知识储备，提高服务标准，帮忙才能帮到点上；干工作绝对不能不懂装懂，能做到的，就马上到、马上修、马上好；不能胜任的，也要实话实说，这才叫负责任。团队组建之初，钱海军心里多少有些迟疑，觉得做志愿服务，自己一个人就行。后来他发现，大家加入之后，服务半径扩大了、服务内容丰富了，更多的群众获得了更周到的帮助，一些过去自己一个人有心无力的“大活”也可以实施了。于是，他主持制定标准化管理手册和服务手册，推动团队组织管理的细化、量化、标准化，力求提高志愿服务组织内部治理水平。

23 年一路走来，钱海军服务用户 1.3 万人次，资助 27 名贫困学生，成为 100 多位空巢老人的“好儿子”、慈溪百姓有口皆碑的“万能电工”“全能义工”“慈溪老娘舅”……他带动志愿服务团队走千户、修万灯、暖人心，钱海军是新时代劳动模范的优秀代表、共产党员的先锋榜样，2022 年被中宣部授予“时代楷模”称号。

钱海军说：我坚信我们能一直走下去，下一步，我要为实施“全国乡村电工培训计划”贡献力量，我们要通过培养乡村电工，让千家万户更加明亮、更加温暖。

资料来源

海兵，史常宝．钱海军：多行一步　多帮一点[J]．思想政治工作研究，2022(7)．

教学建议

本案例可作为《新时代中国特色社会主义理论与实践》(2021 年版)“第六章　新时代中国特色社会主义社会建设”的教学素材。

王继才：守国重于泰山

王继才(1960—2018)，男，出生于江苏省连云港市灌云县。2003 年 10 月加入中国共产党，曾任江苏省灌云县开山岛民兵哨所所长、开山岛村党支部书记。自 1986 年起，王继才和妻子王仕花二人克服常人难以想象的困难，守卫孤岛整整 32 个年头。他在困难面前不低头，在邪恶势力面前更表现出了一位守岛卫士的凛然正气。2018 年 7 月 27 日，王继才在执勤时突发疾病，经抢救无效去世，年仅 58 岁。

一、登岛前，父亲送他一面五星红旗

时针指向早晨 7 点半，当《小康》杂志、中国小康网记者联系王仕花时，她已经起床 2 个多小时了——30 多年的守岛生活里，王仕花已养成清晨 5 点多起床的生物钟，这是刻在她生命里的习惯。回忆起过去的“守岛日常”，王仕花说，“太阳出海平面了，我和老王就去升旗了。每天做的第一件事，就是升国旗、巡逻”。王继才曾跟她说过，要让升国旗来开启每一天，国旗在海风中飘扬，开山岛才有了颜色，一切都有了意义。

开山岛位于我国黄海前哨，距离江苏省连云港燕尾 12 海里，面积仅有 13000 平方米，相当于两个足球场大小，但战略位置十分重要。1939 年，侵华日军从灌河口登陆，首先就是占领了开山岛。开山岛是个孤立的小岛，人员往来和生活品补给都得靠船，平时轮船上岛不容易，只有风浪小的时候才能勉强靠岸。

王继才生前是江苏省灌云县开山岛民兵哨所所长。1985 年部队撤编后，设立民兵哨所，但因条件艰苦，先后上岛的 10 多位民兵都不愿长期值守。1986 年，26 岁的王继才接受了守岛任务，从此与妻子以海岛为家，与孤独相伴，克服常人难以想象的困难，在没水没电、植物都难以存活的孤岛上默默坚守 32 个年头。

32 年的孤岛坚守，常人难以想象，但陪王继才一起守岛的妻子王仕花知道，这是源于他从小受到父亲和舅舅的影响，源于他始终有一颗想当兵报效祖国之心，也源于他性格里的憨厚、朴实和责任感。王继才夫妇每天坚持升起的红旗，最早是父亲王金华给的。王金华是老党员，解放战争期间，他曾参加淮海战役保障工作。岁月流逝，不变的是朴实的爱国心，他经常教育子女要相信组织、热爱国家。王继才登岛前，王金华给儿子准备的给养中，除了衣物、粮食，还有一面五星红旗，纸条上面写着：守岛就像守阵地一样，要有信念，人在旗在！“你守岛一天，就要升一天旗，无论刮风还是下雨，就是下刀子、下子弹，你也要升旗！”这是王继才的二舅对他的嘱咐。二舅参加过抗日战争、解放战争，王继才小时候，二舅就常常给他讲当年打仗的故事。得知王继才夫妇守岛后，二舅多次对他们说：“开山岛是阵地，旗在阵地在，你可记住喽！”做事认真、责任心强的王继才脱颖而出，成为大队民兵营营长。1986 年 7 月，王继才经群众推荐和组织考察，成为第五任开山岛“岛主”。听说王继才要去开山岛，村里的老人都说，去了那里就等于去坐“水牢”了。王仕花最初非常反对，但是丈夫的决心还是战胜了一切。“打江山没赶上，守江山我必须上！”王继才告诉妻子，这是领导交给他的光荣任务，答应了就要做到，“有‘大家’才有‘小家’，岛再小，也是国土，必须要有人去守”。

二、“他守着岛，我守着他；他守着国，我守着家”

升国旗，巡逻，看仪器，做早饭，抬水泥维修坏的地方，种小树，浇水，种豆角辣椒，到太阳下山时降旗……32 年，循环往复，王继才夫妇在岛上度过了一个又一个这样的一天。在很多人看来，如此单调的生活实在是乏味，因此也劝他们放弃。“又不是你家，又修又补的”“人家有房有车，你有什么”“做这些有什么意义”……姐姐曾劝王继才去上海打工，被他拒绝了；还有走私和偷渡的人想利诱甚至威胁王继才让他们在岛上停留，也被他拒绝了。“老王这些年，吃了很多苦。”这些质疑和诱惑，王仕花都知道，但她被王继才说服了，从一开始的“不支持他，到支持他、陪着他”，最后决定辞去乡村小学的语文教师工作和丈夫一起守岛，“他守着岛，我守着他；他守着国，我守着家”。慢慢地，他们以岛为家，安定了下来，夫妇二人坚守着这份工作，更是把岛当家来维护。“这岛上什么都没有，我跟你两个人，建成一个绿色的小岛，这就是我们的家。”现在的开山岛上，已经可以看到葱葱郁郁的植物。“有苦楝树、无花果树、桃树，还可以种菜，自给自足，土和种子是我们一点点背到岛上的，把岛上能种的地方都用上了。”王仕花告诉记者，开山岛早已经成为他们的家，时间久了，亲手种出来的一草一木都有了感情。

他们在岛上生活，也在岛上生下儿子，8 年过去，儿子要下岛去上学了，家里老人年纪大了身体不好，也需要人照顾，是不是该告一段落，离开开山岛？毕竟，此前四任“岛主”待的时间都不长，而王继才夫妇已经守了 8 年。王仕花好不容易说服王继才，去跟组织说明家里的情况，让组织再找其他人去守岛。那段时间，政委生病住院，王继才去看望他，同时也是去向他辞职。然而政委的一席话，又让王继才改变了主意。

回到小岛，王继才对王仕花说：“我们继续守岛。”与记者讲起这段往事时，王仕花说，她深知丈夫的性格，所以最终选择自己内部消化家里的困难，大女儿没有继续上学，而是照顾弟弟妹妹上学，“我们拿着借贷的钱给小孩上学，都没有给组织添麻烦”。

1993 年，开山岛民兵哨所被国防部嘉奖为“以劳养武”先进单位，并获“江苏省军区一类民兵哨所”的美誉。2014 年，王继才夫妇被评为全国“时代楷模”。2018 年 8 月，中共中央总书记、国家主席、中央军委主席习近平对王继才同志先进事迹做出重要指示强调：要大力倡导爱国奉献精神，使之成为新时代奋斗者的价值追求。

资料来源

陈秋圆．王继才：守岛就是守国[J]．小康，2021(16).

教学建议

本案例可作为《新时代中国特色社会主义理论与实践》(2021 年版)“第八章　新时代坚持和发展中国特色社会主义的重要保障”的教学素材。

彭士禄：深潜一生，赤诚报国

彭士禄（1925—2021），男，汉族，曾用名彭保禄，广东海丰人。中国工程院首批院士、中国第一代核动力潜水艇（核潜艇）首任总设计师，被誉为“中国核潜艇之父”。

一、对人民永远感恩

1925 年，彭士禄出生在广东省海丰县，父亲彭湃是中国共产党早期农民运动主要领导人之一、“农民运动大王”，母亲蔡素屏是广东省海丰县妇女解放协会主任。彭士禄对父母并没有太多印象，只有一张与父亲和哥哥的合影。照片上父亲亲笔手书“彭湃及他的小乖乖，一九二六・二・二二”。

“一个漆黑的暴风雨之夜，奶妈背着我逃难，躲避敌人的搜捕。”这是彭士禄能回忆起最早的童年印象。那是 1928 年，广东省海丰县和陆丰县相继被敌人攻陷，彭湃家的得趣书室和白色小洋楼被敌人一把火焚毁，彭士禄被奶妈背着藏到海丰准提阁。

同年 9 月，彭士禄的母亲蔡素屏被国民党杀害。一年后，父亲彭湃在上海牺牲，此时彭士禄只有 4 岁。4 岁的彭士禄对父亲最强烈的感觉是：“他是个大人物，全家都要为他隐姓埋名。”

在父母双亲牺牲后，敌人妄图“斩草除根”，把幼小的彭士禄列为全国悬赏搜捕的“通缉犯”。为了躲避敌人的搜捕，当地百姓冒着被杀头的危险，保护烈士留下的“根苗”。幼小的彭士禄不知住过多少户人家，也不知改了多少次姓名。

1933 年，因叛徒出卖，8 岁的彭士禄和抚养他的“姑妈”潘舜贞被捕，被关进潮安监狱女牢房。阴森恐怖的牢房里，吃的饭里有虫子，身上爬的有虱子，敌人不仅逼供让他承认自己的身世，还对“姑妈”实施酷刑。在监狱里，年幼的彭士禄目睹了曾养育过他的“姑妈”被倒挂着吊起来灌辣椒水，但她宁把牢底坐穿，宁可被杀头，也不供认他是彭湃的儿子……

后来，彭士禄先后被转至汕头石炮台监狱、广州感化院，一直囚至1935年。释放后，彭士禄一度沦落为乞丐，拖着一条伤腿回到潮安，继续寄居在群众家里。不久，彭士禄再度被捕。这一次由地下党组织安排其祖母通过彭湃的战友陈卓凡将其营救出狱，此后，彭士禄在党组织的安排下，在香港和澳门学习和生活。

坎坷的童年经历磨炼了彭士禄不怕困难艰险的性格，激发了他对党忠诚、忠于祖国、热爱人民的本能；父母把家产无私分配给了农民，甚至不惜牺牲生命的大无畏精神，给了他为人民、为祖国奉献一切的热血；延安岁月培育了他自力更生、坚韧不拔、吃苦耐劳、直率坦诚的品格。他常说："我虽姓彭，但心中永远姓'百家姓'，我对人民永远感恩。"

二、只要祖国需要

1951年，彭士禄因成绩优异获得赴苏联留学机会，先后进入喀山化工学院和莫斯科化工机械学院化工系学习。

彭士禄留学即将毕业之际，正在苏联访问的时任国防部副部长陈赓问他："中央已决定选一批留学生改行学原子能核动力专业，你愿意改行吗?"彭士禄坚定地回答："当然愿意，只要祖国需要。"从此，彭士禄就与祖国的核动力事业结缘，并为之奋斗一生。和父亲轰轰烈烈声名远扬的革命事业不同，彭士禄从事的事业需要他像核潜艇一样悄无声息地"深潜"。

回国后，彭士禄受命主持潜艇核动力装置的论证和主要设备的前期开发。当时他们手中只有5张模糊不清的外国核潜艇照片加上一个玩具模型，在核潜艇建造方面的知识近乎为零。

为了核潜艇一次建造成功，必须先建一个环境条件一模一样的陆上模式堆进行模拟实验。1965年，在党中央的领导下，科技工作者们从祖国四面八方会聚到四川的深山密林里，要在这个毫无工业基础的地方建立一个比较完善的核动力研发综合基地，代号"909"。彼时，彭士禄率领一支先遣队，告别妻子儿女，隐姓埋名，参与筹建中国第一座潜艇核动力装置陆上模式堆试验基地。

1970年8月30日，反应堆主机达到了满功率指标。1970年12月26日，我国自主研制的第一艘核潜艇成功下水，成为继"两弹一星"后的又一国之重器、国之利器，我国成为世界上第五个拥有核潜艇的国家。1974年8月1日，中国第一艘核潜艇被命名为"长征一号"，正式编入海军战斗序列。

三、甘做"垦荒牛"

改革开放后，国家决定引进国外技术设备，建造内地大型商用核电站项目。

1983 年，彭士禄被任命为大亚湾核电站筹建总指挥，他再一次踏上了共和国核电事业的拓荒之路。

在潜艇核动力研制过程中，彭士禄敢于担当，在重大问题出现分歧时，因果断决策、大胆拍板而被誉为“彭拍板”。他说，凡事有七分把握就“拍”了，余下三分通过实践去解决。

在核电建设过程中，他走到哪里就把“拍板”精神带到哪里。秦山二期核电站建设时期，彭士禄决定将“招投标制”引入工程建设，彼时正值改革开放初期，多数人的头脑中都还有“计划经济”的条条框框，一时间争论很厉害，但最后彭士禄还是坚持拍板，在实施“招投标制”上大胆迈出了第一步。

“我这一辈子只做了两件事：一是造核潜艇，二是建核电站。”彭士禄说。从核潜艇到核电站，从引进消化吸收国际先进技术到自主研发核心技术，彭士禄就像“垦荒牛”一样，打赢了一场又一场核动力领域的攻坚战，引领我国核动力发展走上了快车道。他曾在自述中写道：“也许因是属牛的吧，非常敬仰‘孺子牛’的犟劲精神，不做则已，一做到底。”

然而，很长一段时间以来，彭士禄的事迹，甚至连他的名字都鲜有人知。1982 年，国际公认的“世界核潜艇之父”、世界第一艘核潜艇“鹦鹉螺”号总设计师海曼·里科弗来中国访问。他会见了我国许多著名的核动力专家，但不无遗憾地说：“就像两颗彗星不相遇，你们的真神没出来。”他说的“真神”就是彭士禄。

有人称彭士禄为“中国核潜艇之父”，他坚决不同意。“对我来说这是贪天之功，我不接受！”他说，“我充其量就是核潜艇上的一颗螺丝钉。”

在生命的最后时光，彭士禄念念不忘的还是祖国的核事业，他说自己有三个愿望：“一是盼望祖国早日拥有更加强大的核潜艇力量；二是盼望祖国早日成为核电强国；三是盼望祖国早日实现中华民族的伟大复兴，早日圆了老百姓过上幸福生活的中国梦！”

资料来源

李杰．彭士禄：深潜一生赤诚报国[J]．保密工作，2021(10).

教学建议

本案例可作为《新时代中国特色社会主义理论与实践》(2021 年版)“第八章 新时代坚持和发展中国特色社会主义的重要保障”的教学素材。

陈立群：花甲进苗乡，烛照学子路

陈立群，男，汉族，1957 年 11 月出生，中共党员，曾任贵州省黔东南苗族侗族自治州台江县民族中学校长、浙江省杭州学军中学原校长。曾荣获“时代楷模”“首届全国教育改革创新杰出校长奖”“2018 年中国教育十大人物”等荣誉称号。

一、授之以渔，留下带不走的教师队伍

陈立群从教近 40 年，担任中学校长 34 年，始终全面贯彻党的教育方针，致力于培养德智体美劳全面发展的社会主义建设者和接班人。退休后，陈立群婉拒民办学校高薪聘请，远赴黔东南贫困地区义务支教，3 年多来培养出一支优秀教师骨干队伍，学校办学质量大幅跃升。

陈立群心有大爱、无私奉献，始终把帮助贫困家庭孩子求学成长作为己任。在支教期间，他翻山越岭、走寨访户，家访并资助 100 多户苗族贫困家庭，足迹遍布台江县所有乡镇，用义举带动更多人开展支教助学。

2021 年 8 月，陈立群终于松了一口气。台江县民族中学传来高考喜报：上二本线以上的学生 698 人，其中一本线以上 263 人，破天荒第一次有一名学生考上了清华大学。

“今年的高考成绩与我当校长时不相上下。”陈立群开心地说，“这充分印证了台江县民族中学教师的精气神、学生的上进心、领导班子的战斗力得到了显著提升。”

“所有的帮扶总是暂时的，所有的支教总是要结束的，关键在于增强贫困地区教育可持续发展的造血功能。”这是他对支教工作的看法。如何变“输血”为“造血”？一时治校的成效如何长久保持？陈立群早就把当地培养骨干教师纳入了计划。

在他的出资和推动下，台江县民族中学实施《青年教师培养行动计划》，针

对不同教师情况推出了“小荷工程”“青蓝工程”“名师工程”培养计划，建立了“同课异构”的教学方法。

他个人出资在台江县民族中学设立奖教金，分设爱心奖、责任奖和育才奖3个奖项，每年奖励9名优秀教师。奖教金已陆续发放五届，共计22.5万元。陈立群还利用自己的资源和人脉，建立“走出去”培养制度，派出教师到杭州市重点中学学习……

尽管卸任了校长职务，陈立群依然担任着黔东南苗族侗族自治州教育顾问、台江县教育总顾问和台江县民族中学名誉校长。利用贵州省教育厅成立的“陈立群名校长领航工作室”平台，他义务授课，主动担任台江县初中、小学校长导师，并到贵州各地义务作报告、开讲座，接受培训的校长、教师超过1万人次。

2021年下半年，贵州省教育厅推出“贵州省民族地区基础教育质量提升行动计划”，邀请陈立群担任专家委员会副主任委员。半年时间，他带领专家团队去了威宁、望谟、册亨、施秉、黄平、印江等县的30多所学校，且大多是乡村学校。每到一县，陈立群都要给全县校长和副校长开讲座，解剖台江县民族中学的成功案例。每到一所学校，他都认真调研，给出诊断后的改进意见。

二、给孩子一点光亮，他还你一片天空

卸任校长离开台江前，陈立群收下了台江县民族中学赠送的一份特别“礼物”——38名考上大学的贫困生名单。

一回到杭州，他四处奔波联系结对38名贫困生，逐个落实他们上大学的费用。说到这里，陈立群特别感谢杭州扶贫帮困热心公益的爱心人士们，在他们的热心帮助下，孩子们的求学费用问题很快得到了解决。

人身处困境的时候，也许只需要一个机会。陈立群出身农村，几度辍学，选择支教就是为了让更多的人接受更好的教育。“以平常心做平常事，我到台江后，学校高考成绩连年提升，说明苗族孩子是聪明的。他们所需要的，就是一个接受更好教育的机会。”陈立群说。

台江县民族中学有3000多名学生，超过三分之一的学生来自建档立卡贫困家庭。“生活上遇到困难的时候，来找我。”这是陈立群对学生们许下的承诺。在担任校长期间，他以个人名义资助的学生就有60多人，累计资助金额超过10万元。

“尊敬的校长：感谢您对我的帮助。您就像一盏灯，照亮了我的心灵，使我

的生命有了一丝光彩……”陈立群手上有厚厚一沓学生写给他的信。每封信都字迹工整，字里行间流淌着真情实感。

“教师对学生是否付出真爱，他们都能感受到。”陈立群说。5 年多来，他走进了 300 多个贫困家庭，了解贫困家庭孩子的生活状况，并给予适当资助。不仅如此，他还动员杭州的朋友们一起去家访。去年暑假，一位企业家朋友的儿子跟着他到台江家访，累计发放了 50 多万元慰问金。2001 年，陈立群在杭州市长河高级中学创办了浙江省内首个宏志班，受宏志精神感召的学生们成立了“台江县民族中学宏志助学基金”，已资助 80 多万元。

“寒门何以出贵子？很多时候就是靠关键时刻有人拉一把。一个都不能少我做不到，我所能做的就是拉住一个是一个。”陈立群说。

“给孩子一点光亮，他还你一片天空。”在《人民教育》杂志刊登的一篇文章中，陈立群写道，“如果学校教育是一种唤醒和发现，我多么希望自己就是一条盘瓠，苗族神话中神勇的龙犬，用敏锐的嗅觉去发现孩子身上的闪光点，用不厌其烦的吠声去唤醒每一个孩子的内在潜能……”

资料来源

1. 时代楷模先进事迹——陈立群［EB/OL］. 2021 - 05 - 11. http://www.moe.gov.cn/jyb_xwfb/moe_2082/2021/2021_zl37/shideshiji/202105/t20210511_530862.html? ivk_sa=1023197a.

2. 陈立群：帮助更多的孩子接受更好的教育［EB/OL］. 2021-12-30. https://m.gmw.cn/baijia/2021-12/30/35416212.html.

教学建议

本案例可作为《新时代中国特色社会主义理论与实践》（2021 年版）“第五章　新时代中国特色社会主义文化建设”的教学素材。

毛相林：敢向绝壁要“天路”

毛相林，1959年1月生，1992年9月加入中国共产党。他带领村民打通出山路，走上致富路，先后被授予“全国脱贫攻坚楷模”“时代楷模”“全国脱贫攻坚奖奋进奖”“中国好人”等荣誉称号。

“我干了40多年村干部，最大的事情就是修了这条路。”重庆市巫山县下庄村村委会主任毛相林举目四望。那片山，曾将祖祖辈辈死死困住；山上，埋着6个为修路牺牲的兄弟……

16年前，毛相林率领100多名下庄村民，硬是用双手在山中凿出了这条8公里长的公路。接着，毛相林和村民们不等不靠，敢想敢干，决战贫困，续写“愚公移山”新篇。

一、抠也要为子孙后代抠出一条路来

1997年，38岁的下庄村党支部书记兼村委会主任毛相林，作出惊人决定——修公路。

下庄村位于重庆市巫山县竹贤乡，被四面千米高山绝壁合围，犹如坐在一口井中，修路难如登天。

当时唯一的出村路，是一条“108道拐”的古道，去县城一来一回至少4天。住在“井底”的近400名下庄村民，近一半人一辈子没走出过大山。贫穷闭塞成为下庄人难以摆脱的宿命。

“咱不能一直当穷汉，就算再难，我也要带头冲一冲。”毛相林在村民大会上给大家鼓劲：“山凿一尺宽一尺，路修一丈长一丈。这辈人修不出路来，下辈人接着修，抠也要抠出一条路来。”

那年冬天，改变下庄人命运的这条路开工了。全村青壮年带着工具和干粮上山，吃住在山洞，睡觉就在腰间拴根绳子，另一头在老树根上打个结，以防夜里翻身掉下悬崖。为了早日修通公路，毛相林在山上住了3个月没回家。

修路远比想象的难。四周陡峭岩壁，很难找到落脚之地，胆子大的腰系长绳站在箩筐里，吊在几百米高的悬崖边钻炮眼，先炸出一小块立足之地，再用锄头、钢钎和大锤，一块一块把石头凿下来。

村民杨亨双回忆，有一次钻炮眼，他站在悬崖边，腿抖得凶，头顶还不时掉碎石。就在那时，毛相林说，你们都别动，我先下去探探底，一个人系上绳子下去了。工地上，遇到危险情况，毛相林总是第一个上，最重的活总是他带头干。

二、路必须修下去，人不能白死

开工修路第三年，不到两个月，接连有 2 名修路的村民献身。

26 岁的村民沈庆富，在修路时被一块巨石砸中，滚下几百米深的山谷。安葬沈庆富没多久，专门从外地回乡修路的 36 岁村民黄会元，也被滚落的石头砸中。

村民自发前来，为黄会元送行。看着黄会元悲痛欲绝的家人，毛相林无比愧疚，他声音颤抖着问大家：“如果再修下去，可能还要死人。今天大家表个态，这路到底修还是不修？”

“修！”有人大声吼道。回应的人，正是黄会元的父亲黄益坤。“我儿子死得光荣。路必须修下去，人不能白死。”老人说。

在场所有人举起了手。毛相林忍住泪水，立下誓言：就算我们这代人穷 10 年、苦 10 年，也要把路修下去，让下一代人过上好日子。

此后，又有 4 名村民为修路献出了生命。为早日走出大山、拔掉穷根，下庄人没有退缩。2004 年，在毛相林带领下，下庄村人用了整整 7 年时间，终于在绝壁上凿出了一条 8 公里长、2 米宽的机耕道。这是他们走出大山的路，这是他们走出贫困的路——下庄人祖祖辈辈的梦想终于变成了现实！

三、还要让外面的人走进来

虽然出山公路通了，但在当时，大多数下庄村民还生活在贫困线下。毛相林“趁热打铁”，带领村民种植柑橘，力争尽快脱贫。

不曾想，村里的 500 亩柑橘生虫，几乎绝收。毛相林召开村民大会，当众检讨：“发展产业不能靠蛮干，做事不怕失败，关键是要从失败中找到原因。”

村民们又一次支持他。大家说，当年修路那么苦都过来了，现在这点困难算什么？

县里派来了柑橘栽种技术专家，手把手培训村民。几年后，村里柑橘产业“起死回生”，2019 年柑橘产量就接近 40 吨。

年过花甲的毛相林，把最好年华献给了这片土地。2015 年，下庄村整村脱贫；到 2019 年底，全村累计 64 户 269 人稳定脱贫，贫困发生率降为 0. 29%，人均收入达 1. 2 万元。

从这条路走出的年轻后辈，正在接棒家乡的振兴事业。29 岁的毛连长，回到下庄做电商，叫卖柑橘、西瓜等土货；27 岁的彭淦，是下庄走出去的第一批大学生，回到家乡成为一名教师……

毛相林还有更大的梦想：不单下庄人要走出去，还要让外面的人走进来。近年来，巫山县发展乡村旅游，下庄村 19 栋农房改造成民宿，开始接待山外来的游客。“再过两三年，旅游搞起来，我们的收入还会翻番。”毛相林信心满满。

资料来源

1. 毛相林：绝壁凿通幸福天路(奋斗百年路　启航新征程数风流人物)[EB/OL]. 2021 - 06 - 21. https://baijiahao. baidu. com/s? id = 1703158477826091325&wfr = spider&for = pc.

2. 敢向绝壁要“天路”——记当代“愚公”毛相林[EB/OL]. 2021 - 04 - 29. https://m. gmw. cn/baijia/2021-04/26/34798060. html.

教学建议

本案例可作为《新时代中国特色社会主义理论与实践》(2021 年版)“第六章　新时代中国特色社会主义社会建设”的教学素材。

杜富国：他是我见过最坚强的人

杜富国，男，汉族，贵州湄潭人，1991 年 11 月出生，2010 年 12 月入伍，南部战区陆军某扫雷排爆大队一级上士。他是忠诚使命、英勇无畏的排雷英雄。

2015 年 6 月，杜富国主动请缨参加中越边境扫雷任务，刻苦训练掌握 10 余种排雷方法，3 年多累计进出雷场 1000 余次，排除地雷和爆炸物 2400 余枚，处置各类险情 20 余起。2018 年 10 月 11 日，在云南省麻栗坡县老山西侧坝子雷场排雷作业时，面对一枚局部露出地面的加重手榴弹，杜富国对同组战友喊出“你退后，让我来”，在进一步查明情况时突遇爆炸，生死瞬间他扑向战友一侧，遮挡住爆炸冲击波和弹片，自己永远失去双手双眼。

受伤后，杜富国做了多次手术，全身留下近 70 处伤疤。但他始终保持乐观的心态和昂扬的状态，坚持每天练习播音，成为战区陆军微信公众号播音员和重庆市特殊教育中心校外辅导员。并先后赴北京大学等军地单位宣讲 30 余次，讲述强军故事，激励更多新时代追梦人奋勇前行。2019 年，杜富国被中央军委授予“排雷英雄战士”荣誉称号。

“他有双会笑的眼睛。”每一个认识杜富国的人都这么说。

扫雷大队四分队副班长刘新未第一次见到杜富国，是来扫雷大队报到的日子，比他早到半日的杜富国笑眯眯地站在车边，很自然地接过了他手里的背包，开始带着他参观营区。

刘新未有些内向，在来之前他曾因为要重新融入一个新集体而感到紧张，却在第一天就被杜富国的热情化解。

当最初看到这个爱笑的战友躺在医院里，双眼被纱布覆住，一双袖管半截空荡荡时，刘新未会不由自主地想起曾经的杜富国。

热情、话不多、爱开玩笑，是战友们对杜富国的一致评价。这个 1991 年出生的大男孩像所有 20 多岁的年轻人一样，喜欢打游戏、打篮球、研究美食。

组队打王者荣耀，是扫雷官兵们休息时的一项娱乐活动，杜富国却因为破旧的手机，“段位”一直升不上去。

“其实我技术挺好的，就是手机有点卡。”每次被队友抱怨，杜富国就会摸着脑袋不好意思地笑。在智能手机不断更新迭代的时代，他的手机还是最老的一款，屏幕碎得横七竖八，被称为扫雷大队的“古董机”。

对自己抠，对别人杜富国却很大方。同组战友艾岩的父亲重病住院，他二话没说从银行卡里转出 1.2 万元给了艾岩，再去找朋友借钱来凑。当得知战友邹德能的父亲患了癌症，杜富国一边从余下不多的生活费里省吃俭用“抠”出 500 元，一边东奔西走呼吁大家为邹德能父亲众筹。

在杜富国看来，无论是为战友挡雷还是筹款，都是应该做的。“我们是战友，换了别人也会这么做。”他说。

杜富国喜欢为了这个集体奔忙。作为连队的“三小工”，他几乎每天都拿着钳子、螺丝刀、试电笔，在院子里敲敲打打。只要有人喊一声“富国”，他就会立刻出现。

扫雷四队每个窗户外的“米”字形简易防盗窗、隔壁宿舍的空调、水房里的水龙头、厨房里的灶台……营区里到处都留下了杜富国修理维护的印记。

在扫雷大队，不少官兵来自云南、贵州、四川一带。逢年过节回家后，各种风味的腊肉就会被大家拎回连队，这时候在厨房里忙碌的总是杜富国。

“他喜欢做饭，手艺特别好，大家都只吃他做的腊肉。”刘贵涛说，到了这时候，他这个班长也只能去找机会打下手。

在雷场上，危险总是如影随形。走下雷场，官兵们非常珍惜那些轻松快乐的任务间隙。刘贵涛说，杜富国是那个铆着劲儿让大家更快乐一点的人，总是充满活力。

然而，从伤痛中醒来，杜富国不得不面对一个新的世界。“你们不要担心。”每当有部队领导、战友来看望他，他总会说起这句话。白色纱布遮住了从前那双带着笑意和活力的眼睛，杜富国选择扬起嘴角。

“他是我见过最坚强的人。”解放军第 926 医院创伤显微外科主任陈雪松说。行医多年，他第一次遇到手眼伤残的伤情，但 40 多天的救治时间里，他从未听杜富国喊过一声痛。

全身大面积炸伤、烧伤，每次换药时重新触碰伤口，连医生都心有不忍，杜富国却总是咬牙坚持着。陈雪松记得，他曾看到过杜富国躺在床上颤抖，连床都被带得摇晃。

“只要能让我以后自理，对我的恢复有提高，再大的苦我都能忍。”杜富国说。他甚至问过陈雪松能不能同时装两个假肢，想试一试以后还能不能做俯卧撑。

失去了视力，杜富国开始学着依靠听力生活。他喜欢去院子里散步，听医护人员介绍院子里的花花草草。他努力记着每位医生的语调和脚步，在路边朝他们点头致意。

在病床随手可及的地方，放着杜富国托妻子买回的智能音箱。每天康复训练结束后，他会用它听书、听新闻。陪护战友刘新未来了，他们就聊一聊扫雷前线的故事，或者一起唱唱歌、开开玩笑。

“其实是他在感染我。”刘新未说，原本性格内向的他，在陪护杜富国 3 个多月的时间里，唱过的歌比前 20 多年的总和还要多。

他们最喜欢唱的歌是《你是我的眼》，最喜欢读的书是《钢铁是怎样炼成的》。杜富国期盼着还能回到部队、回到扫雷前线，哪怕待在营区里，做一些力所能及的工作。

“我特别喜欢这身军装，喜欢军人这个职业。”杜富国说，战胜自己才是最困难的，而在最困难的时候，是军人的血性让他坚持下去。

从小生活在贵州遵义，听着抗战时期三爷爷救治失散红军的故事，杜富国对军人有着特殊的感情。在他的感染下，弟弟杜富强也参了军。

“希望有一天能够回到部队，继续和战友们一起扫雷。”杜富国说。

那段时间，陆军军医大学西南医院的护士下了夜班会收到杜富国专门给她们带的鸡蛋，6 楼康复中心的病房里每天都能听到来自扫雷一线的消息，或杜富国轻快的歌声。

4 月末的重庆天气晴好，身着军装的杜富国坐在桌前，小心地摸索过桌上的纸后，抬起缠着水笔的假肢，一笔一画写下一个“福”字。

“他之所以这么乐观坚强，是他选择了乐观坚强。”陈雪松期盼着能出现医学上的康复奇迹。对于眼前这个坐得挺拔的年轻军人，他用了两个字形容他的所作所为：壮举。

资料来源

1. 杜富国入选！“八一勋章”提名人选公示[EB/OL]. 2022-06-28. http://www.meitan.gov.cn/mtzx/mtyw/202206/t20220628_75304224.html.

2. 郑天然，朱乾坤 .“他是我见过最坚强的人”[N]. 中国青年报，2019-05-23(12).

教学建议

本案例可作为《新时代中国特色社会主义理论与实践》(2021 年版)“第八章 新时代坚持和发展中国特色社会主义的重要保障”的教学素材。

刘贵今：用岁月搭建中非友谊桥梁

刘贵今，1945年8月生，1971年8月加入中国共产党。2021年6月29日，中共中央授予刘贵今“七一勋章”。刘贵今矢志奉献于对非外交工作，是首位中国政府非洲事务特别代表，在对非外交岗位坚守、耕耘近40年，长期驻足在非洲国家，年逾七旬仍为深化中非合作发挥余热。

一、担当作为、促进合作

2000年，世纪之交。“经济全球化背景下，发展中国家怎样进一步挖掘合作潜力，怎样维护自身利益、推动国际社会向更公正合理的方向发展？非洲朋友们对成立合作平台的呼声很高，论坛的诞生水到渠成。”刘贵今作为时任外交部非洲司司长，从广泛发出征询非洲国家意见的函件，到各代表团夜以继日地磋商，参与了全过程。在当年10月召开的“中非合作论坛——北京2000年部长级会议”上，中国政府宣布了减免非洲重债穷国和最不发达国家100亿元人民币债务和设立“非洲人力资源开发基金”等重要举措。

论坛成立至今，中非贸易额增长了20倍，中国对非直接投资增长了100倍。论坛的会徽是寓意中非团结合作的“合抱之手”，如今，“合抱之手”正凝聚着越来越强大的能量。抚今追昔，参与论坛筹备工作和早期运作的刘贵今话语之间充满自豪。

国之交在于民相亲，民相亲在于心相通。刘贵今告别外交岗位后，积极加入涉非教育培训的队伍中，培养更多知华友华的非洲青年；他还应各大高校邀请开设讲座，为许多中国青年打开一扇了解非洲大陆、中非合作和中国外交的窗口。

二、肩负使命，奔赴一线

2007年4月，62岁的刘贵今卸任中国驻南非大使职务。但就在这一年，苏丹达尔富尔地区部族冲突激化，一些西方国家指责苏丹政府，甚至将抹黑的矛头指向与苏丹正常经贸往来的中国。5 月，刘贵今被任命为中国政府非洲事务特别代表，重点围绕达尔富尔问题展开工作。

奔赴一线，刘贵今马不停蹄。会见苏丹政府高层，劝和促谈；探访难民营，查看中国援助落实情况；接受各国记者采访，阐明中方立场和中国为推动解决达尔富尔问题作出的努力……

肩负使命，刘贵今上任 3 个月内三度访非，其中两次造访达尔富尔。“我们以非洲朋友能够理解和接受的方式来说话和做事，在解决达尔富尔问题上发挥的作用是独特的。”刘贵今说。中国政府及时的援助和劝和促谈的态度得到了苏丹方面的热烈欢迎，也得到了非盟、东非政府间发展组织和地区各国的充分肯定。

为了调解达尔富尔问题，刘贵今遍访肯尼亚、乌干达、埃塞俄比亚、南非、埃及等区域国家，还与欧美国家代表建立了良好的沟通机制。在访问最为密集的一年中，他先后访问苏丹近 20 次。刘贵今回忆，那段时间经常连夜搭飞机，抵达目的地立刻投入谈判，紧接着撰写简报、会见记者，一天跑十几场活动，“虽然辛劳，但既然担任了特使，我就要让世界看到中国代表的身影，听到中国政府的声音，了解中国外交的立场。”

三、坚守岗位，无私奉献

刘贵今 1972 年进入外交部，2012 年卸任特使，职业生涯中四分之三的时间都与非洲大陆紧密相连。他曾在肯尼亚、埃塞俄比亚、津巴布韦和南非常驻 17 年，走过 52 个非洲国家。

1981 年，刘贵今和夫人前往肯尼亚，此后的 5 年多只能通过信件、照片和录音带缓解对幼子的牵挂。1991 年，刘贵今前往埃塞俄比亚，正值该国爆发内乱，物资匮乏、冲突频发，他和几名同事坚守馆内，度过了许多伴着枪声入眠的夜晚，子弹还曾打碎玻璃落在床头。2001 年，刘贵今担任中国驻南非大使，中南建交未满 4 年，由于长期缺乏交往和了解，推动两国关系发展面临不少困难，刘贵今与驻在国政要、地方官员、学者和媒体频繁会面，多次参加研讨会、进行演讲、发表文章，有力驳斥了罔顾事实的“新殖民主义论”“掠夺资源论”。

比起回忆曾经遇到的困难，刘贵今更愿意谈老一辈对非外交工作者的奉献。那个年代，驻非外交人员的生活条件较为艰辛，但大家保持乐观的精神，克服炎热气候、物资匮乏和传染病等难题，在通信不畅的异乡化思念为动力，坚守岗位，无私奉献。

驻外的年月里，非洲朋友们对中国的深厚感情，刘贵今感怀至今。南非前总统曼德拉多次向他提起一段往事：在罗本岛监狱时，他们用配给的香烟盒包装纸叠成五星红旗的样子，在放风时用南非非洲人国民大会特殊的握手方式庆祝中国国庆。南非时任总统姆贝基参加中非合作论坛北京峰会时从紧张的行程中抽出时间，亲自前往书店购买关于中国经济建设等方面的书籍。在民众间，中非友好同样深入人心。随着中非务实合作走向深化，条条道路建成，座座桥梁通车，片片园区投产，刘贵今和同事们越来越多地听到来自非洲朋友们由衷的感谢，看到非洲朋友们竖起的大拇指。

"从事了对非工作，我就爱上了这片热土，从此不离不弃。"刘贵今说。

资料来源

1. "七一勋章"获得者刘贵今[J]. 高中生之友，2022(16).

2. 庄雪雅. 首位中国政府非洲事务特别代表刘贵今——为中非合作倾情奉献[N]. 人民日报，2021-07-11(4).

教学建议

本案例可作为《新时代中国特色社会主义理论与实践》(2021 年版)"第九章　新时代中国特色大国外交与构建人类命运共同体"的教学素材。

化工模范篇

杨振宁：爱国物理学巨擘

杨振宁，男，1922 年 9 月出生于安徽合肥，物理学家，香港中文大学博文讲座教授兼理论物理研究所所长，清华大学高等研究院名誉院长、教授，纽约州立大学石溪分校荣休教授，中国科学院院士、美国国家科学院外籍院士、英国皇家学会外籍院士、台湾“中央研究院”院士、香港科学院荣誉院士、俄罗斯国家科学院外籍院士，1957 年获诺贝尔物理学奖。

一、一心为国的拳拳赤子

杨振宁的家国情怀浓厚，在中美关系尚未解冻之前，他就敏锐地捕捉到回国省亲访学的机会。1971 年，他开启了闻名的“破冰之旅”，在上海、合肥和北京等地参观考察并探亲访友，系美籍华裔知名学者访问中华人民共和国的第一人。1977—1980 年，杨振宁出任全美华人协会 NACA 创始总会会长，显著增进了中美两国人民之间的了解和友谊。1979 年 1 月 30 日晚，杨振宁在华盛顿希尔顿饭店欢庆邓小平和方毅一行访美的盛宴上致题为《建造友谊桥梁的责任》的欢迎词。

1981—1992 年，受 CEEC 资助赴美进修访问学者共计 81 人(沈津和曾善庆曾先后 2 次受 CEEC 资助赴美)，其中包括杨福家、陈佳洱、葛墨林、吴新涛、王元、孙昌璞、马中骐和张奠宙等知名学者。

1983—2007 年，杨振宁出任中山大学高等学术研究中心基金会主席，贡献卓著。20 世纪 80 年代中期，杨振宁相继促成设立亿利达青少年发明奖、吴健雄物理奖和陈省身数学奖。1986 年，杨振宁推动在南开大学陈省身数学研究所建立理论物理研究室。同年，杨振宁出任香港中文大学博文讲座教授，1993 年与丘成桐共同推动创办香港中文大学数学科学研究所。2002 年 9 月 28 日，受杨振宁慷慨捐助的香港中文大学杨振宁学术资料馆正式开馆。在杨振宁的倡导和资助下，1997 年 6 月 2 日，清华大学高等研究中心(2009 年 4 月更名为清华大学高等研究院)正式成立，杨振宁出任终身名誉主任(院长)。2021 年 5 月 14 日，受杨振宁捐赠的清华大学杨振宁资料室（设于图书馆老馆）揭牌仪式在图书馆北馆（李文正馆）举行。

2003年，妻子杜致礼离开人世，杨振宁放弃美国的高薪，卖掉房子，回国住进儿时熟悉的清华园。三个儿女远在美国，杨振宁在国内形单影只。或许是命运怜爱，让28岁的翁帆走进他的生活，抚慰着杨振宁的孤独。杨振宁埋头筹建清华高等研究中心，研究中心资金不够，他自掏腰包拿出100多万美元，又四处筹集到1000多万美元。杨振宁回国后的十多年，先后义务参与成立60多个顶级物理实验室，并亲自下实验室做研究，以清华的名义发表了30多篇顶级学术文章。

清华大学110周年校庆时，杨振宁做出一个惊人的决定：他把自己珍藏的所有书籍和手稿资料，全部无偿捐献给清华。这份沉甸甸的礼物，不仅是杨振宁的毕生心血，更是科研界的无价之宝。他想留给清华，留给无数的科研后浪，希望能为科研事业尽最后的绵力。

二、理论物理的权威巨擘

杨振宁在粒子物理学、统计力学和凝聚态物理等领域作出了里程碑式的贡献。20世纪50年代和R. L. 米尔斯合作提出非阿贝尔规范场理论；1956年和李政道合作提出弱相互作用中宇称不守恒定律；在粒子物理和统计物理方面做了大量开拓性工作，提出杨-巴克斯特方程，开辟量子可积系统和多体问题研究的新方向等。

1954年，Yang-Mills规范场论（即非阿贝尔规范场论）发表。这个当时没有被物理学界看重的理论，通过后来许多学者于20世纪60年代至70年代引入的自发对称破缺观念，发展成标准模型。这被普遍认为是20世纪后半叶基础物理学的总成就。杨振宁和Mills的论文，从数学观点讲，是从描述电磁学的阿贝尔规范场论到非阿贝尔规范场论的推广。而从物理观点上讲，是用此种推广发展出新的相互作用的基础规则。

在主宰世界的4种基本相互作用中，弱电相互作用和强相互作用都由Yang-Mills理论描述，而描述引力的爱因斯坦的广义相对论也与Yang-Mills理论有类似之处，杨振宁称此为“对称支配力量”。Yang-Mills理论是20世纪后半叶伟大的物理成就，Yang-Mills方程具有极其重要的历史地位。

对称性是物理学之美的一个重要体现，是20世纪理论物理的主旋律之一。从经典物理以及晶体结构，到量子力学与粒子物理，对称性分析是物理学中的有力工具。杨振宁对粒子物理的诸多贡献表现出他对对称性分析的擅长。他往往能准确利用对称性，用优雅的方法很快得到结果，并且突出本质和巧妙之处。1999 年，在石溪(Stony Brook)的一次学术会议上，杨振宁被称为“对称之王(Lord of Symmetry)”。

1950 年，杨振宁关于钋衰变的论文以及他和 Tiomno 关于 β 衰变中相位因子的论文奠定了他在此领域中的领先地位。1956 年，θ-τ 之谜是粒子物理学中最重要的难题，当时普遍讨论宇称是否可以不守恒。杨振宁和李政道从 θ-τ 之谜这个具体的物理问题走到一个更普遍的问题，提出“宇称在强相互作用与电磁相互作用中守恒，但在弱相互作用中也许不守恒”的可能，将弱相互作用主宰的衰变过程独立出来，然后经具体计算，发现以前并没有实验证明在弱相互作用中宇称是否守恒。他们更指出了好几类弱相互作用关键性实验，以测试弱相互作用中宇称是否守恒。1956 年夏，吴健雄决定做他们指出的几类实验中的一项关于^{60}Co β 衰变的实验。次年 1 月，她领导的实验组通过该实验证明在弱相互作用中宇称确实不守恒，引起全物理学界的大震荡。因为这项工作，杨振宁和李政道获得 1957 年的诺贝尔物理学奖。

20 世纪 60 年代，寻找具有非对角长程序的模型的尝试将杨振宁引导到量子统计模型的严格解。1967 年，杨振宁发现 1 维 δ 函数排斥势中的费米子量子多体问题可以转化为一个矩阵方程，后被称为 Yang-Baxter 方程(因为 1972 年 Baxter 在另一个问题中也发现这个方程)。1967 年，杨振宁还写了一篇于翌年发表的文章，进一步探讨了此问题的 S 矩阵。后来人们发现 Yang-Baxter 方程在数学和物理中都是极重要的方程，与扭结理论、辫子群、Hopf 代数乃至弦理论都有密切的关系。杨振宁当年讨论的 1 维费米子问题后来在冷原子的实验研究中显得非常重要，而他在文中发明的嵌套 Bethe 假设方法次年被 Lieb 和伍法岳用来解出了 1 维 Hubbard 模型，后来成为高温超导的很多理论研究的基础。

资料来源

1. 朱安远．文章千古事，得失寸心知——记当代理论物理学巨擘杨振宁[J]．世界科学，2022.

2. 刘保林．你奉献给祖国的如此纯真——记《感动中国 2021 年度人物》百岁物理学家杨振宁[J]．中国产经，2022.

教学建议

本案例可作为《新时代中国特色社会主义理论与实践》(2021 年版)“第二章　新时代坚持和发展中国特色社会主义”的教学素材。

任继周：从来草原人，皆向草原老

任继周，男，汉族，中共党员，1924 年 11 月出生于山东省平原县。曾任兰州大学草地农业科技学院名誉院长、教授，1995 年当选中国工程院院士。2019 年 9 月，当选全国“最美奋斗者”。任继周院士是我国草业科学的奠基人之一，食物安全和生态安全的战略科学家。

一、少年立志，志在草原

少年时的任继周经历了国家贫困、同胞羸弱的艰难时期。1943 年，19 岁的任继周以高分考入了当时我国最高学府国立中央大学。

在选择专业时，任继周出人意料地选择了一个冷门专业——农学院畜牧系草原专业。当院长冯泽芳问及原因时，他的回答坚定而有力：“我想改善国民营养。国人营养不改变，就很难成为一个强国。特别是需要有充足的动物性食品。”

这份朴素的报国情怀，指引他一生奋进。

二、心向西北，扎根高原

提到西北，人们就会想起沙漠、戈壁、草原，想起那首古老的敕勒民歌——“天苍苍，野茫茫，风吹草低见牛羊”。但对于任继周而言，除了草原的景色，想得最多的还是导师王栋先生的教导：“为天地立心，为生民立命；与牛羊同居，与鹿豕同游！”那是老师的勉励和要求，也是前辈的重托和期望，更是自己终生奋斗的目标。

任继周庆幸自己听从西北的召唤，是一个无比正确的选择：“甘肃横跨长江流域到黄河流域，再到内陆河流域的荒漠地区，从湿润到干旱，从低海拔到高海拔，草地类型非常复杂，我可不能放过这块宝地。”他先后在国立兽医学院、西北畜牧兽医学院、甘肃农业大学、甘肃省草原生态研究所、兰州大学草地农业科技学院等单位，从事草业科学的教学与科研工作，一干就是 70 年！任凭有多少“橄榄枝”吸引也从不动摇。这样的经历，让他对中国西部草原的情况非常熟悉，他的草原类型学术理论基础也由此奠定。

1978 年，任继周被甘肃省科学大会评为先进个人，出席全国科学大会，此后获“国家级有突出贡献科学家”称号。他提出的畜产品单位指标体系，被国际权威组织用以统一评定世界草原生产能力。他创造的划破草皮改良草原技术，使我国北方草原生产能力大幅提高。而“灼圃模式”“晴隆模式”等不仅建立了贵州草地农业系统的雏形，还培养了一批懂得草地畜牧业管理的干部和现代农民，帮助大批农牧民走上脱贫致富之路。

三、杞人忧天，草人忧地

任继周曾借用《周礼》“草人，掌土化之法，相其宜而为之种”一语，将自己比作“草人”，即一是俯下身子，做一个平凡的草原工作者，二是站在国民营养的高度，以发展草业为己任。为此，2004 年任继周写过一篇题为《杞人忧天　草人忧地》的杂文。在文中他讲了“四个担忧”：一忧粮食安全再走老路，二忧草业科研作风漂浮，三忧理论误导不走正路，四忧自然、人文不能兼备。文章高屋建瓴，语重心长，体现了他高远的战略眼光，真挚的“草人”情愫。正是在国家最需要“草人”的时候，他义不容辞地从先师王栋、盛彤笙手中接过草业科学的接力棒，不知疲倦，砥砺前行，践行他的“草人挟囊走长谷，带泥足迹殁丛茺”。

四、奋斗不止，哲学人生

作为我国现代草业科学奠基人之一，70 年来，任继周潜心草地农业教育与科研，立德树人，勇攀科学高峰，带领团队为我国草业教育和科技发展立下了汗马功劳——

他创建了我国第一个高山草原定位试验站、我国农业院校第一个草原系；

他创建了草原分类体系，较国外同类研究早了 8 年；

他创造了划破草皮改良草原的理论与实践，使我国北方草原生产能力提高 1 倍，并得到推广应用；

他建立的草地农业系统，提出了草地农业生态系统的四个生产层、三个界面、三个发生因子群，在我国食物安全、环境建设和草业管理方面展示了巨大潜力；

他全身心致力于草地农业的科学研究，先后发表学术论文 195 篇、学术专著

24 部；

90 岁以后，又在积极组织编写并出版《中国农业伦理学》，开创了中国农业哲学研究的先河。

这一切，都源于他浓浓的家国情怀，源于他优秀共产党人的政治本色。也正是历经了数十年科学研究的探索与思考，任继周先生总结并凝练出“道法自然，日新又新”的治学思想和科学精神，用共产党人高尚的情操，瞄准国家发展战略方向和“五位一体”战略布局，为祖国建设出谋划策，为草业科学呕心沥血，作出了卓越贡献。他曾获国家科技进步奖、何梁何利科技进步奖、国家教学成果特等奖（第一获奖人）、中国草学会首届“杰出功勋奖”、国务院扶贫办第一届“友成扶贫科研成果奖”等；以及获得全国优秀农业科学工作者、农业部新中国成立 60 周年“三农”模范人物、2011 年度 CCTV 三农人物、新中国成立 60 周年感动甘肃人物、改革开放 40 周年感动甘肃人物等荣誉称号。

资料来源

1. 中共中央宣传部网站．任继周：从来草原人　皆向草原老[J]．西北人口，2022，43(3)：封 3.

2. 宋喜群．任继周：立草为业　心系民生[J]．党的建设，2020(1)：32.

3. 粲亦桐．“草人”任继周[J]．创新世界周刊，2022(12)：67.

教学建议

本案例可作为《新时代中国特色社会主义理论与实践》(2021 年版)“第二章　新时代坚持和发展中国特色社会主义”的教学素材。

南仁东：不忘初心，逐梦“天眼”

南仁东(1945—2017)，男，满族，吉林辽源人，中国天文学家，中国科学院国家天文台500米口径球面射电望远镜(FAST)工程原首席科学家兼总工程师。

他潜心从事天文研究，坚持自主创新，主导提出利用我国贵州省喀斯特洼地作为望远镜台址，从论证立项到选址建设历时22年，主持攻克了一系列技术难题，为FAST重大科学工程建设发挥了关键作用，实现了中国拥有世界一流水平望远镜的梦想，推动了经济发展和社会进步。他曾荣获全国创新争先奖，被追授“时代楷模”称号。

一、赤子雄心志千里

南仁东6岁在辽源中兴小学读书，12岁上辽源市第四初级中学，15岁上辽源市第五高级中学，他学习非常努力，多次获得学校的表扬。1963年，南仁东在高考中一举夺得省理科状元，是当地近十年仅有的一个清华才子。然而清华高才生的喜悦很快又消失了，由于他太优秀了，他的分数超过当年的录取分50多分，当时的中国又缺少无线电方面的研究，清华大学把南仁东从他喜欢的建筑系调剂到了无线电专业。对于学校的决定，他情绪有过失落，甚至想过放弃学业，但最后他调整了自己的心态，服从了学校的决定。我们在为祖国减少了一位建筑工程师而感到遗憾的同时，也为祖国增加了一位优秀的天文学家而庆幸。

他在清华大学读本科期间，周恩来总理来清华大学视察，他是被周总理点名发言的学生代表。这次的发言让他铭记一生，从此他立志要像周总理一样，为中华民族在天文领域的崛起而努力。

清华大学本科毕业后，南仁东回到了老家吉林，在老家的无线电厂上了将近十年的班。1977年，他依靠个人努力考进中国科学院，从1978年到1987年的九年时间里，师从王绶管院士，并获得硕士和博士学位。

1984年，南仁东开始运用国际甚长基线网对活动星系核进行系统观测和研究。1985 年到 1987 年，南仁东在荷兰德云格勒天文台访学。后来，他又先后在加拿大、美国、英国、意大利及日本等国家的天文机构进行客座研究。

1987 年与 1988 年在荷兰 Dwingeloo 天文台与意大利 Bologna 射电天文研究所访学期间，他带领团队成功进行了欧洲及全球网十几次的观察实验，他是全球第一个采用 VLBI(英文 very long baseline interferometry 的缩写，译为甚长基线干涉测量)“快拍”模式的科学家。在 VLBI 50cm 24 个致密陡谱源的观察研究中，他采用了“快拍”模式(snapshot mode)进行观测。快拍与连续跟踪观测之间的区别是前者在短时间内对选定目标进行观测，然后改变跟踪指向，一定时间后再重新对这一源作另一次短时间观测，在分配到的固定观测时间内可以得到比较散布的覆盖，可以等效延长观测时间，而后者不具备这种功能。

1989 年，南仁东在北京天文台研究了合并甚长基线与综合孔径系统观测数据的方法。他以 3C343 全球 VLBI 网 18cm 观测数据的处理为例，用这种方法改善 VLBI 在源的扩展结构部分成图的质量，处理结果表明合并后数据所产生的混合图给出更为可靠的源结构描述。

1989 年，南仁东在美国加州技术研究所进行相关数据处理时，发现“快拍”观测模式所获得的 UV 数据远少于取样率的低限值，这给 VLBI 数据处理软件的常规使用带来了麻烦，他提出了针对残缺 UV 数据的成图技术的自校准处理方法。自校准处理方法的目的就是在连续的迭代过程中修正误差，以使洁化过程的真实综合束接近理想综合束。他创新 VLBI 偏振观测技术方法，提出的 3C119 多频率偏振课题在美国甚长基线阵(VLBI)运行后立即被接受，获得该源毫角秒空间尺度的偏振和磁场精细结构，揭示了浓密介质限制喷流形成大尺度的机制。由于他在 VLBI 领域多年研究的突出成果得到同行赞誉，担任日美空间计划 VSOP 在轨检测 IOC 组长。

二、放弃国外高薪，立志回报祖国

1993 年，全球无线电科学家联盟大会在日本召开，当时全球该领域的专家都来到日本。在这次大会上大家提出倡议，建造新型射电望远镜来获取外太空的信息。当时的南仁东在日本国立天文台担任客座教授，当他听到这个消息兴奋地说道：“中国为什么不能做一个呢？我要为我的祖国也建一个！”从此以后，他的后半生就彻底献给祖国的天文学事业，他的人生再也没有偏离过“建造中国新一代射电望远镜”的轨道，这一坚持就是一辈子。

在20世纪90年代的中国大地上，谈“收集太空信息，探究宇宙生命”，这几乎是痴人说梦，让人难以置信。然而南仁东却对这神秘的太空充满无限的向往，对于自己的想法，他说干就干。他开始运用自己的一切办法，去搜集国际上关于这个领域的最前沿的科研动态。

在对这一领域有所了解后，他决定要回到祖国。日本为了挽留他，给他提供全球最先进的科研条件，让他为日本建造新一代射电望远镜，被他拒绝了。日本又提出给他高出国内300多倍的薪资待遇，即使知道回国后一年的工资也只是在国外工作一天的工资，他毅然决定回到祖国。全球最先进的科研条件和高薪资待遇的双重诱惑，也未挡南仁东的一心归国之志。他说：“我的祖国需要有知识。”

三、矢志不渝，历历星河二十载

20世纪末，我国的射电望远镜技术还处于刚刚起步阶段，很多技术尚不成熟，最大的口径也只有20多米，南仁东却“扬言”要打造一个全球最大的射电望远镜。1994年7月，面对大家的无知误解与冷嘲热讽，南仁东向中国科学界提出“天眼”这一出乎大家想象的概念，紧接着他就开始了为“天眼”寻找台址的工作，这一找就是漫长的12年。

从1994年起，南仁东着手选址工作。通过对球面体望远镜的研究，结合我国的地理情况，南仁东认为要想建成500m级别的超大型口径望远镜，就应该选用喀斯特洼地当作望远镜的台址。

选址的艰辛难以形容，为了给这个“大家伙”选一个合适的台址，南仁东跋山涉水在云贵地区的深山老林中。他借助卫星遥感技术，又实地勘察了1000多个洼地，并对这些洼地进行全方位多角度的评比。单单为“天眼”选一个合适的台址，就耗尽了南仁东的12个春秋。在选址过程中，为获取最直接最准确的信息，方便下一步的对比筛选工作，五十多岁的南仁东每天凭借着两根竹竿当拐杖，在没有道路的区域翻山越岭。他的选址理念就是一定要到第一现场去，只有对第一现场非常清楚，才能确定是否适合作为台址。无论是悬崖峭壁还是峻峭险峰，他都坚持一定要亲自去勘察，完全不顾及自己的年龄。

90年代的中国，由于经济条件的限制，国家没办法给天眼项目提供太多的科研经费，他就满世界跑赞助，找合作伙伴。为了突破技术的束缚，寻求技术方面的合作，他几乎跑遍了与“天眼”项目有技术关联的各大名校和科研院所。南仁东还通过自己在国际上的影响，设法参加国外的学术会议，寻求国际上的支持与帮助。从一开始大家都不愿意蹚这趟浑水，到后来开始有单位关注“天眼”项目并表示支持，再到后来合作单位逐渐增加。到最后的时候，与“天眼”项目签约合作的单位多达20多家。为了中国的天文事业，也为了自己的梦想，南仁东坚持走别人难以坚持的道路。

四、忘我奉献，时代楷模照后人

在南仁东办公室的门上贴着一张老照片，这就是南仁东的遗照。在FAST项目工地上，他转身回望“天眼”的那一刻被永恒定格在这张黑白照片上了，也被人们永恒地记住了。他曾说过不想成为人们的记忆，他可以忘记自己，但是人们却要永远记住他所作出的奉献。

在事业上南仁东特别要强，但没有丝毫的功利心。即便自己耗费二十多年的心血才完成“天眼”这么大的项目，在评奖时他依旧是默默付出，不计名利。1994年他49岁时提出了“天眼”的概念，2007年南仁东62岁时“天眼”项目才被正式立项。2016年“天眼”项目落成时，他已经是71岁高龄了，在贵州深山老林里默默奉献20多年。2017年，南仁东这三个字第一次出现在中国科学院院士候选人的名单上。院士候选人被推荐时一般在65岁以下，但是此时的南仁东已经是72岁高龄了。他对推荐人说，大家的好意我心领了，大家就别折腾了，我是等不到那一天的。2017年9月15日，这是个令人痛惜的日子，为中国打开了“天眼”的72岁南仁东永久地闭上了双眼。原本应该属于他的院士头衔，最终还是输给了时间，败给了死神。

南仁东积极投身于时代的激流之中，用二十多年的宝贵时间坚守梦想，以科学之魂，铸国家利器，开中国“天眼”，树时代楷模。“美丽的宇宙太空，以它的神秘和绚丽，召唤我们踏过平庸，进入它无垠的广袤！”这就是南仁东一生的追求。

资料来源

侯新杰，王超．南仁东：打造“中国天眼”的天文学家[J]．物理教学，2019，41(7)：75-78.

教学建议

本案例可作为《新时代中国特色社会主义理论与实践》(2021年版)“第三章　新时代中国特色社会主义经济建设”的教学素材。

张黎明：点亮万家的“蓝领工匠”

张黎明，1969年8月出生，河北沧州人，中共党员，国家电网天津滨海供电公司运检部配电抢修班班长。参加工作30多年来，他始终奋战在电力抢修一线，从一名普通工人成长为优秀的创新型人才，是天津电力行业唯一获得国务院政府特殊津贴的一线工人。他始终牢记共产党人的初心和使命，用实际行动弘扬和践行社会主义核心价值观，彰显了新时代工人爱岗敬业、勇于探索、矢志创新、无私奉献的精神风貌和高尚情操。他曾荣获“时代楷模”、“改革先锋”、全国劳动模范、全国优秀共产党员、全国岗位学雷锋标兵、第七届全国道德模范、天津市“海河工匠”等荣誉称号，当选党的十九大、二十大代表，多次受到习近平总书记等党和国家领导人亲切接见。

一、初心传承定理想

张黎明出生在一个普通的工人家庭，父亲是中建六局的技术工人，由于父亲需要参加全国各地的工程建设，张黎明很小就经常随父母举家搬迁，十几年来几乎跑遍大半个中国。父亲和他的同事们为国家建设舍小家顾大家，对工作一丝不苟、精益求精的精神，给年少的张黎明留下非常深刻的印象，这也成为了张黎明长大后刻苦工作、钻研奉献的精神动力。

在父亲的影响下，初中毕业后，张黎明毅然报考了天津电力技校。1987年毕业后，他正式成为一名电力工人。走上岗位的第一天，他的父亲特意找出一把自己用过多年的老虎钳子，交给儿子并叮嘱道，“电工可是个技术活，一定把技术学好了，让同事们信任你，这才是咱工人的本分”。

电力抢修是一项紧张、危险而又艰苦的工作。为保证故障电路尽快畅通，工人们工作起来往往争分夺秒，披星戴月、酷暑严寒工作都是家常便饭，甚至流血受伤也很难避免。艰苦的工作锤炼了张黎明的意志，老师傅们的言传身教，更让他懂得了什么是职责担当。

在一次处理线路故障时，需要紧急带电处理，但架线的铁塔被围在烂泥塘中央，按照操作规程，带电工器具和上杆作业人员坚决不能沾水。为保证安全，工人们架设了一个 8 米多长的木梯子通到铁塔边，但木梯太长，受压会变形，人走到中间容易落水。为尽快抢修，两位年过五旬的老师傅毫不犹豫地跳进冰冷的泥塘，用肩膀顶住梯子，让张黎明从上面通过。老师傅们不顾一切的举动深深地震撼了年轻的张黎明，从此，他决心要像老师傅们一样，做一个爱岗敬业、技术精湛、为民服务的电力工人。

二、爱岗敬业重实干

电力抢修工作要时刻保持“战备”状态。为此，张黎明 30 多年来几乎没有过真正意义上的节假日，报修单就是命令，随时需要出动。他最大的心愿就是“老百姓想用电时就有电”，这就需要练就能够快速发现并迅速排除故障的真本领。

为熟悉设备环境，张黎明在工作之余最大的爱好就是沿着线路观察，并在小本子上记录好周边环境、节点设备、参数指标等，并反复核对，做到烂熟于心。一旦发生故障，他立刻就能判断出大致位置、设备类型、地形特点等，并以最快速度排除，恢复供电。因此，同事们都称赞他为“活地图”。

为摸索故障规律特点，张黎明经常向老师傅、同事和专家请教，查阅大量资料，通过分析以往上万个故障，总结出 50 多个经典案例，编制成《黎明急修案例库工作法》，同时将常用的 11 个抢修小经验、8 大抢修技巧、9 个经典案例印成了《黎明抢修百宝书》，在全公司推广，成为抢修一线员工的随身口袋书，使电力抢修工作更加安全、高效。

为提高班组服务质量，作为班组负责人，张黎明严格内部管理，在充分发扬民主的情况下，制定“班组管理积分制”，有力调动了组员的积极性；制定《抢修服务一日标准化工作流程》，提出现场工作“十二条纪律”，系统规范了抢修队伍的工作标准。2007 年以来，他带领的班组先后获得“全国质量信得过班组”“全国优秀质量管理小组”“中央企业先进集体”“天津市五一劳动奖章”等荣誉称号，成为客户信赖的“电管家”。

为确保故障尽快排除，张黎明经常在供电关键时期选择 24 小时值守，连续十几年的除夕都在值班室度过。2012 年 7 月他的父亲病危，26 日，天津遭遇特大暴雨，故障不断出现，张黎明既放心不下工作，也放心不下父亲，内心痛苦而纠结。最终在妻子赶来后还是跑到了抢修一线，带领大伙在暴雨中苦干了近 8 个小时，完成报修工作 81 件。

三、甘于奉献暖民心

如果说做好本职工作是职责所系，那么 30 多年来，张黎明始终心系群众，积极为群众排忧解难、随叫随到，就是用实际行动践行着共产党员为人民服务的宗旨。2007 年，以他名字命名的“滨海黎明共产党员服务队”正式成立，发起了“黎明出发　点亮万家”的口号，除电力抢修外，力所能及地服务社会，帮助普通百姓解决实际困难，张黎明担任这支光荣队伍的队长。

2020 年新冠肺炎疫情暴发，张黎明第一时间主动向党组织上交了特殊党费支援湖北，主动担当“社区防疫志愿者”。特别是在滨海新区开展全员疫情筛查期间，他带领服务队顶风冒雪，2021 年 1 月河北省石家庄市疫情形势严峻，张黎明不顾风险，立即带队赶到石家庄支援当地疫情防控，彰显了共产党员的为民情怀。

在张黎明的带动下，“滨海黎明共产党员服务队”逐步发展壮大，由最初的 22 个人，逐渐发展成为由 20 多个分队、300 多名队员组成的社会志愿服务组织，先后开展义务服务近万次。服务队员们始终秉承着“人民电力为人民”的企业宗旨，先后与 11 个社区 150 余户老弱孤残住户确立长期帮扶关系，建立服务档案，并构建水电气热服务联盟入驻社区“红网格”，在供电服务、帮老助残、助学帮困、防灾避险，以及新冠肺炎疫情防控和复工复产等各个领域都发挥了重要作用，搭建起了党和群众的“连心桥”。服务队被中共中央宣传部评为“全国学雷锋活动示范点”，荣获“天津市优秀志愿服务队伍”等荣誉称号。

资料来源

1. 王明辉．胸怀国之匠心　点亮万家灯火——记天津市优秀电力工人张黎明[J]．求知，2021(5)：59-61.

2. 张黎明：点亮万家的“蓝领工匠”[J]．中国产经，2021(9)：93-94.

教学建议

本案例可作为《新时代中国特色社会主义理论与实践》(2021 年版)“第五章　新时代中国特色社会主义文化建设”的教学素材。

汪懋华："精细农业"的研究先驱

汪懋华，1932年11月出生于广东省兴宁县，毕业于北京农业机械化学院农机系。中国农业大学教授，农业工程专家，中国工程院院士、国际欧亚科学院院士。

汪懋华长期从事农业现代化研究。1978年，在汪懋华努力下，北京农业机械化学院成立了自动化研究室，这是中国农业高等院校第一个自动化实验室。1988年，他带领研究生在中国率先研制成功微电脑孵化机控制器，随后又发展成为二级分布式孵化厅控制系统。

早在20世纪80年代初，汪懋华跟踪微电子与微计算机技术国际前沿科技发展，开创了基于微处理器、微型计算机、信息与通信技术在现代农业装备、智能化仪器与控制、设施农业生物环境控制等应用研究新领域。他既是我国农业工程和农业电气化与自动化学科专业建设的领航者，又是我国精细农业科学理念最早的倡导者与实践推动者之一。进入21世纪，更加注重信息和通信技术农业领域应用发展战略与技术路线图研究，近几年来领导农业物联网应用发展战略与技术创新研究，提出以服务农业发展方式转变、促进产业技术进步、培育市场需求、推进新一代信息技术农业应用，培育农业战略性新兴产业发展为目标，致力于农业信息感知智能化、无线传感器网络、农业生产经营信息化与农村综合信息服务体系建设、精细农业智能农业装备与物联网农业领域应用等研究。他在国际农业工程科技界享有厚望，2006年被国际农业工程协会授予会士荣誉称号。

1962年6月，汪懋华在苏联获得技术科学副博士学位后，被分配到原北京农业机械化学院新建的农业电气化系担任专业教学工作。他十分注重理论联系实际，主动深入地方和农场进行农村电气化社会调查，每年都带头组织学生到农村和农场进行生产实习，组织专业实验室建设和承担实践环节的教学任务，组织教师到农村科技试点蹲点开展适用技术示范推广，积极思考如何把从苏联学到的知识尽快用于发展我国农村电气化的实践。

1994 年起，世界上一些先进国家相继开展了精细农业技术研究。那个时期，汪懋华在国际学术交流访问中，结识了一批欧美从事信息技术与农业可持续发展融合研究的科学家，着手学习研究全球卫星定位系统（GPS）、全球卫星遥感系统（RS）、地理信息系统（GIS）及农业装备企业研发的相关产品。他敏锐地意识到，精细农业是获得农田“高产、优质、高效”的现代农业生产模式和技术体系，代表现代农业发展新趋势，必将成为新一代信息技术与农业生物系统工程学科融合发展的一个重要领域。汪懋华 1994 年开始带领团队组织精细农业相关理论探索、示范实践与产业化技术研发，与国际同步开始主攻精细农业信息技术与系统集成研究领域，并于 1998 年在中国农业大学主持建立了精细农业研究中心，介绍了大量发达国家快速发展中的相关工程科技与系统集成技术的研究进展，促进和直接参与了精细农业示范应用在我国的早期实践。

1998 年 9 月，在中国科学技术协会的学术年会上，汪懋华作了题为《精细农作——知识经济时代的农田精耕细作技术》的报告，这是他在国内第一次公开提出精细农业的基本概念及在发达国家的创新实践趋势。他还发表了许多关于精细农业的系列论文，详细阐述精细农业的概念、内涵、特征、技术体系、发展路线图和发展方向等，奠定了我国精细农业发展的理论基础。1999 年 3 月，经国家发展计划委员会批准支持的“北京精准农业示范工程”项目立项。项目实施过程中，采纳了汪懋华提出的“先引进吸收再创新”的技术路径。1999 年 10 月，汪懋华组织代表团赴美国考察精细农业与相关装备制造企业，之后其团队全程参与了该示范工程的规划与实施，重点参与了基地基础数据采样成图和引进国外精细农业技术装备的消化吸收工作。

汪懋华领衔创建的“现代精细农业系统集成研究”教育部重点实验室于 2002 年 1 月正式批准建设，他担任实验室学术委员会主任。2011 年，申请建立了农业部农业信息获取技术重点实验室，除了担任实验室学术委员会主任外，汪懋华还担任农业信息技术学科群和其中 3 个重点实验室的学术委员会主任。另外，汪懋华还参与了农业部设施农业学科群建设工作，担任学术委员会主任，帮助该学科群进行科研规划、课题设置和凝练创新研究方向。

正是在汪懋华极具战略眼光的判断和团队的不懈努力下，国内精细农业技术体系的应用研究发展基本与国际保持同步。从概念的引进、发展战略、技术路线、研究实践，到项目、基地、人才建设，汪懋华都作出了重要贡献，对缩短我国精细农业与发达国家的差距，促进我国现代农业的发展发挥了重要作用。

汪懋华强调，农业与生物系统工程教育要培养面向现代农业发展服务的农业与生物系统工程师，而建设为农业现代化服务的新工科人才的本质是培养创新型人才。他建议要重视转变学科发展方式的研究，推进产、学、研、推密切结合，倡导交叉学科协同创新与跨学科团队合作，关注数字经济、生物经济与相关产业发展，全方位提高我国农业与生物系统工程科技创新和高级人才培养水平。

资料来源

1. 袁慧颖，武聪颖，孙宇瑞．勤奋求实，开拓进取——记中国工程院院士汪懋华[J]．农业机械，2008，567(3)：32-38.

2. 王艳红．汪懋华院士：献身农业工程引领学科发展，竭力推进农业农村现代化进程[J]．农业工程，2021，11(5)：2-6.

教学建议

本案例可作为《新时代中国特色社会主义理论与实践》(2021 年版)“第七章　新时代中国特色社会主义生态文明建设”的教学素材。

金黎平：国家马铃薯产业技术体系首席科学家

金黎平，女，1963 年出生于浙江东阳，马铃薯遗传育种专家。现任中国农业科学院创新工程“马铃薯育种与栽培创新团队”首席专家和国家薯类作物研究中心常务副主任，国家马铃薯产业技术体系首席科学家，农业农村部薯类作物生物学和遗传育种重点实验室主任、薯类专家组组长等。一个从小生活在江南的柔弱女子，自大学毕业后结缘马铃薯，埋头一干就是 30 多年，通过种质资源收集、育种技术创新、新品种培育和协调全国马铃薯研究，深耕种业一线，推动我国马铃薯产业向高质量发展。

一、广泛开展国际合作，收集马铃薯种质资源

2018 年 5 月，在秘鲁库斯克安第斯山马铃薯公园，当地印第安人载歌载舞欢迎着参加世界马铃薯大会的人们。可在人群中却不见了金黎平的身影，国内同行四处寻找她的下落，终于在一个山坳看到金黎平正与助手在观察、鉴别和收集马铃薯野生种子信息。

我国马铃薯研究起步较晚，金黎平深知种质资源对于种业发展的基础作用，每当她出国访问和交流，都不放过任何机会去引进各类马铃薯种质资源。1993 年，金黎平受联合国计划发展署项目资助，作为访问学者前往美国，师从世界著名的马铃薯遗传育种家、美国科学院院士 S. J. Peloquin 教授，她经常跟着教授在育种试验地观察、调查和收获。也许是金黎平不怕吃苦的钻研劲头感动了老教授，在她归国时，教授把他毕生积累的马铃薯育种材料送给了金黎平，这是她大规模从国外引进马铃薯种质资源的开始。从那以后，金黎平积极与世界各地的马铃薯研究者交流合作，先后从美国、加拿大、荷兰、德国和俄罗斯等国家以及国际马铃薯中心，引进马铃薯种质资源近 2000 份，涵盖野生种、原始栽培种和普通栽培种，建立了目前我国最大的马铃薯低温离体保存基因库。通过整理评价、遗传多样性分析和育成品种指纹图谱构建，摸清了我国马铃薯种质资源的家底，

并通过常规杂交、倍性操作和标记辅助选择，创新了一大批抗病耐逆特色种质资源，为优良新品种选育奠定了坚实的基础。

二、培育优良新品种，鼓起农民钱袋子

我国马铃薯多种植于偏远地区，那里与我国连片特困地区高度重合。为了培育适应性广的优良新品种，金黎平从20世纪90年代开始，在河北张家口坝上、内蒙古乌兰察布、宁夏固原、甘肃兰州和定西、贵州威宁等地建立了10多个育种基地，一年中有一多半时间都在育种基地和连片特困区马铃薯主产区穿梭，开展马铃薯育种工作和产业扶贫。

在河北坝上，四月末五月初还是春寒料峭，在试验地里披着军大衣还会冻得瑟瑟发抖，这时的金黎平穿着棉袄穿梭在育种地里，拿着记录本子的手总是冻得通红。等到坝上基地九月份收获时，北京还是秋高气爽，但坝上已近初冬，下雪和冰霜也是司空见惯。一次在河北坝上基地收获时，突降大雨，金黎平带领大家加班抢收，返回时天色已暗，一辆迎面开来的大货车越线撞向团队乘坐的车辆，造成多人受伤，金黎平伤势最重，额头缝了10多针，脸上留下永远的疤痕。她没有通知家人，依然坚守在坝上。她说，“作为团队的主心骨，自己不能随意离队”。在宁夏固原山区工作期间，《光明日报》的报道称金黎平团队“他们的脸晒得比马铃薯还黑。在和农民一起劳动时，很难分清谁是农民、谁是博士”，“金黎平尤其黑出了‘水平’”。在贵州省威宁县，晴天田间劳作一天后，皮肤往往会被紫外线灼伤；下雨天，经常是浑身湿透。金黎平在威宁田间育种经常是“晴天一身汗，雨天一身泥”。

经过多年辛苦工作和积累，金黎平团队在国内率先建立了结合标记辅助选择技术、倍性育种技术和传统杂交育种技术的马铃薯综合育种技术体系，共育成中薯3号、中薯5号和中薯18号等30多个鲜食、加工和特色马铃薯新品种，多个新品种已成为国内主栽品种，推动了我国马铃薯新品种的更新换代。仅早熟品种中薯3号和中薯5号在全国累计推广面积达7000多亩，她15年前育成的中薯5号现在依然是国内早熟主栽品种。

三、统筹全国马铃薯育种研究，推动产业高质量发展

长期以来，金黎平组织协调全国马铃薯新品种选育研究。率领国内多个相关单位开展马铃薯育种工作，为全国几十家单位提供了1000多份次育种资源和材料，并提供相关技术培训。她组织实施国家马铃薯品种区域试验，制定和完善试验方案

和品种审定有关规范，并担任两届国家农作物品种审定委员会委员和一届马铃薯专业委员会主任委员。作为国家马铃薯产业技术体系首席科学家，金黎平积极参与国家层面的马铃薯种业调研、咨询、科研和技术服务工作。从“十四五”规划开始，她向相关部委提出多项马铃薯遗传育种立项建议，参与编写脱毒种薯繁育基地建设规划、种薯生产补贴实施方案等。在农业农村部种业管理司的指导下，编写了《全国马铃薯种业“十四五”发展研究报告》，为相关政策制定提供了参考依据。

作为农业农村部马铃薯良种科研联合攻关首席科学家，金黎平组建了由41家科研教学单位和21家种业企业组成的攻关联合体，两年创制新型抗病耐逆优质种质材料714份次，登记新品种119个，申请品种保护权55项，授权21项；在河北张家口、内蒙古乌兰察布和贵州毕节展示马铃薯新品种176个次，并召开了3次观摩会。金黎平率领专家服务组为全国种薯质量认证和10个国家区域性良种繁育基地县建设提供技术咨询和服务，制定规划和实施方案，试验示范新品种新技术，积极参加实地指导和检查。

授人以鱼不如授人以渔。金黎平深知只有扎根当地的科研人员才是永远不走的种业创新生力军。她非常注重马铃薯种业人才的培养，为贵州培养了首个马铃薯博士，并为多个育种单位培养了10多名推广硕士和“西部之光”访问学者；她在全国各地举办培训班，培养数千名种业科技人员和农技人员。如今，金黎平培养的博士生、硕士生以及农技人员扎根服务于马铃薯种业创新，活跃在马铃薯种业研发的第一线。

一分耕耘，一分收获。金黎平先后获得国家科技进步奖二等奖、全国创新争先奖、全国三八红旗手和国务院脱贫攻坚奖等多项荣誉。作为25名科技人员之一的她，得到了习近平总书记给科技工作者的回信。当大家向她表示祝贺时，她只是淡淡一笑：“我只是做了一个普通科技工作者的分内工作。”这就是一位普通但不平凡的种业人的心声！

资料来源

郭晓平．深耕产业科研的种业功臣——记国家马铃薯产业技术体系首席科学家金黎平[J]．中国农业会计，2021(2)：95-96.

教学建议

本案例可作为《新时代中国特色社会主义理论与实践》(2021年版)“第六章　新时代中国特色社会主义社会建设”的教学素材。

李保国：太行山上的新愚公

李保国(1958—2016)，河北省衡水市武邑县人。1978 年就读于河北林业专科学校，1989 年 7 月加入中国共产党，河北农业大学林学院二级教授、博士生导师。主要从事山区开发与经济林栽培技术推广工作。

李保国的手机里存有 400 多个农民的电话号码，只要农民朋友来电，他总是耐心地予以解答和帮助；一年里，他有 200 多天扎在农村，足迹遍及太行山区的各个角落，为当地生态建设和科技富民事业奉献了毕生精力，被誉为“太行山上的新愚公”。

1981 年，李保国留校任教。当时，学校要在太行山区建立产学研基地。得到消息后，李保国积极响应，上班仅十几天，便和同事来到了太行山深处。他工作的第一站是河北省邢台市前南峪村，该村土层薄、土壤贫瘠。为此，李保国每天早出晚归，山上山下进行实地考察，最终得出要用爆破整地的方法改善土质的方案。经过李保国的不懈努力，前南峪村的土质得到极大改善，树木成活率从 10%提高到 90%。栽树成功后，李保国又因地制宜指导农民种板栗，前南峪村也由此华丽转身，成为太行山区一处生机盎然的绿色宝地。1996 年 8 月，邢台市内丘县岗底村遭遇洪水，李保国带领科技救灾团队来到这里。李保国说，他就见不得老百姓受穷，一定会尽全力帮助大家。看到岗底村的苹果当年产量低，卖不上好价钱，他就向村民推广苹果套袋种植新技术。2022 年，“富岗苹果”连锁基地已经发展到太行山和燕山 11 个县，369 个村，带动 7 万多名群众走上致富路。30 多年来，在太行山上，这样的脱贫故事不断上演。李保国在这里推广了 36 项实用技术，140 万亩荒山变为绿洲，诸多品牌农产品走向全国各地，累计带动贫困山区增收 58.5 亿元。

在教师和科研岗位上，李保国同样兢兢业业、成绩斐然。他主持编写了 9 部教材，全年承担多达 416 学时的教学任务，多次获得国家级、省部级科技进步奖和突出贡献奖。在教学上，他对学生严格要求；在生活上，他则如父亲一般关心学生的成长成才。然而，长期超负荷的工作，使李保国积劳成疾，患上了糖尿病和疲劳性冠心病。虽然疾病缠身，但他始终坚守岗位，去世前 4 个月仍在外奔波，连家都顾不上回。2016 年 4 月 10 日，李保国因心脏病突发逝世。几十年来，李保国扎根太行、心系群众、扎实苦干、奋发作为、无私奉献，用自己的模范行动彰显了一名共产党员的责任与担当。

李保国教授离开了，但他的精神之火永不熄灭。也是在那一年，李保国的团队正式被命名为“李保国山区开发与林果产业创新团队”，围绕脱贫攻坚和乡村振兴等国家战略，致力于太行山综合治理与经济林产业化开发。创新团队扛起“李保国精神”的旗帜，牢记习近平总书记的重要批示，继续完成他未竟的事业，在“李保国太行山区农民脱贫致富方案”的引导下，在“李保国太行山区精准扶贫模式”的基础上不断创新、发展，实现了脱贫攻坚与乡村振兴的有效衔接。深受“李保国精神”影响，一些与李保国素未谋面的“80 后”“90 后”先后加入团队，成长为业务骨干，他们扎根基层，深耕先进农业技术研究与推广，聚合起更大力量。

李保国曾说，他一生最高兴的是“把我变成了农民，把农民变成了‘我’”。帮农民致富，还要把农民培养成为懂技术、能致富的农业专家，这也是创新团队一直努力的方向。李保国的精神在传承，李保国的心愿也在变成现实。邢台市内丘县岗底村，191 名村民分别获得农业农村部和人力资源社会保障部颁发的果树初、中级工证书，岗底村成为全国首个“持证下田”的村庄。不仅如此，岗底村的技术人员还积极走出去，为有需要的地方提供技术服务。安建军就是岗底村“持证下田”的村民之一。他已完成从果农到技术员的转变，不仅帮助本地村民进行果树日常管理，提供果树栽培、病虫害防治、老果园改造等技术服务，还经常到承德、唐山、石家庄等苹果产区提供服务。“以前都是自己种果树，现在我也可以给别人指导技术了，我从心里面感到自豪。”安建军说。在手把手教给农民技术的同时，创新团队还联合中南林业科技大学、中国林业科学研究院、河北省农林科学院等多家单位对技术瓶颈展开联合攻关，实现成果的快速形成与转化。河北农业大学高度重视创新团队建设，加强高层次人才引进和培养，先后从中南林业科技大学、中国农业科学院、西北农林科技大学等引进太行学者、青年才俊 6 人，充实了创新团队人才力量，形成了特色产业与专业人才的有效融合。

李保国山区开发与林果产业创新团队在科技创新和脱贫攻坚方面作出了突出贡献，为我国贫困群众的快速脱贫致富树立了样板和典范，为有效对接乡村振兴战略作出了表率，为特色经济林产业的可持续发展提供了可借鉴和可复制的新模式，先后荣获“河北省工人先锋号”“高层次创新团队”“科技部创新人才推进计划重点领域创新团队”“全国林草科技创新人才计划创新团队”“河北省脱贫攻坚先进集体”等荣誉称号。

资料来源

1. 沈鹤．李保国：太行山上的新愚公[J]．党建，2022(7)：68.

2. 金叶，李昭沅．“李保国精神”薪火相传[J]．共产党员(河北)，2022(11)：10-13.

教学建议

本案例可作为《新时代中国特色社会主义理论与实践》(2021年版)“第二章　新时代坚持和发展中国特色社会主义”的教学素材。

秦文贵：逐梦，从地图上找不到的地方开始

秦文贵，男，汉族，1961 年 9 月出生，中共党员，高级工程师。1982 年大学毕业后，一头扎进海拔最高、环境最艰苦的青海油田，一干就是 20 年，成为高原戈壁上的石油钻井工程技术专家。秦文贵是江泽民同志在纪念中国共产主义青年团成立 80 周年大会上表彰的青年英雄之一。

秦文贵生长于河北省平山县树石村，是恢复高考后村里的第一名大学生。1982 年，21 岁的秦文贵从华东石油学院钻井工程专业毕业后，满怀一腔热情，奔赴远在大西北的柴达木盆地，来到我国海拔最高、条件最艰苦的青海油田工作。一个在地图上根本找不到的名叫花土沟的地方，就是秦文贵要去工作的井队所在地。至今，秦文贵仍记得刚到井队时的情景：先是坐了三天火车，接着坐了两天汽车，当头昏脑涨的他走下班车时，迎接他的是满眼荒凉的戈壁沙漠和一阵阵打得脸颊生痛的黄沙。

青海油田所在的柴达木盆地蕴藏着丰富的能源和矿产资源，被称为中国西部的“聚宝盆”。然而，这里平均海拔 2700 米以上，“天上无飞鸟，地上不长草，风吹石头跑”，自古以来就被视为生命的禁区。刚刚来到柴达木盆地的秦文贵头昏脑涨、胸闷气短、鼻血不止、辗转反侧。但凭着坚定的信念，秦文贵从这里开始了由一名大学生向柴达木石油人的转变。肆虐的大漠风沙吹粗了他的皮肤，强烈的高原紫外线晒黑了他的面庞。在全队掰腕子比赛中，他已排名第二。打钳子、甩钻杆、扶刹把、下套管……钻井的每一道工序，他都了如指掌。

在钻井战线的长期实践中，秦文贵逐步锻炼成长。在这其中，他深深感到，石油工业的发展必须充分发挥科技是第一生产力的作用，尤其是作为一名知识分子应当义无反顾，肩负起这个重任。他刻苦钻研技术，勇于探索，顽强攻关。在秦文贵主持下，青海油田先后完成了高海拔地区油田多项科研项目，推广了数十种新技术、新工艺，破解了大量生产技术难题，使两个月在青藏高原打成一口井

的梦想成为现实。

他主持完成的钻井简化套管科研项目，成功打出 4 口深开发井，每口井节约技术套管 2500 米，节约综合钻井成本近 700 万元。在攻关的 180 多个日日夜夜里，34 岁的秦文贵一头黑发竟成花白。他根据对油田裂缝性油藏的新认识，采用大位移定向钻井、成像测井、油层酸化、平衡压力固井等新技术，取得柴达木盆地狮子沟地区裂缝性油气藏的新突破，获得高产油气，取得了明显的经济效益。

20 世纪 90 年代，经过严格考试，秦文贵成为中国石油系统唯一入选加拿大国际发展署和外经贸部联合举办的人才培养项目的专业人才，赴加拿大卡尔加里大学学习。临行前，他来到冷湖四号烈士公墓，向长眠在这里为了祖国的石油事业献身的英烈们告别。他站了很久很久，最后，用一块白色的方巾裹了一把沙土装在衣兜里，他要让这带着油香的沙土陪他远行。

在加拿大，秦文贵上午在大学学习，下午则到石油公司跟班作业。一有空闲，他就泡在图书馆，研读专业书刊，了解钻井新工艺。在跟班实际操作中，他处处留心，事事观察，凡是觉得有启发、有价值的东西都一点不漏地详细记录下来。秦文贵不间断的英语学习，此时派上了用场；几年的钻井实践，使他能迅速、准确地理解课堂所传授的新知识。秦文贵在毕业论文中，不仅论及这家石油公司的经验，更是重点论述了钻井工程方面的四大问题并提出解决方案。正是这一点使石油公司董事长迈克感到震惊。一个科学家，能够提出问题已经算得杰出，还能够拿出解决问题的正确方案，那就是天才。而且，秦文贵在加拿大学习和实践的时间如此之短，竟能有如此见识，迈克觉得这简直不可思议。这篇论文被指导教授作为范文分发给其他同学参考学习。

学习即将结束时，加拿大这家石油公司向他伸出了橄榄枝，并承诺将他的妻子和孩子接到加拿大定居。然而，一个月后，秦文贵却毅然带着一包包沉甸甸的笔记资料，和同样沉甸甸的感情，登上了回国的客机。临行前，他把从柴达木带来的那包沙土洒在加拿大的土地上。对秦文贵来说，人生的道路虽然漫长，紧要处常常只有几步，特别是当人正年轻的时候，为了这紧要的几步——期待降低一点，赢得一个目标；根须扎深一点，赢得一片天地；享受推迟一点，赢得一份事业——人生是在伟大的事业里永存。

海外学习归来，秦文贵依旧一头扎进那片戈壁沙漠里，如虎添翼的他，工作中发挥出更大的创造性。1982 年到 1999 年，秦文贵将人生最美好的 17 年青春留在了柴达木。17 年，他以所学科学知识和一腔热血，战胜了一个个常人难以想象的困难，攻克了一系列技术难关，推广应用了十多项新技术、新工艺；17 年间，狮子沟地区原油年产量由数千吨上升到 5 万吨，青海油田在高海拔地区创造了 5630 米的钻井井深最高纪录，创造了青海油田制服天然气井喷最短用时纪录。

1997 年 4 月，秦文贵获得了首届“中国青年五四奖章”，被誉为“当代青年的榜样”。2000 年 1 月，秦文贵赴美国得克萨斯农工大学商学院攻读工商管理硕士（MBA）学位。2002 年 6 月以优异成绩完成全部学业，按期回来，报效祖国。

秦文贵爱岗敬业，尽职尽责的主人翁精神；不图享乐、报效祖国的爱国精神；舍小家、顾“大家”，一心为国家的大局精神；不畏艰险，勇往直前的进取精神；公而无私，忘我工作的奉献精神，集中反映了新一代石油职工的优秀品德，他在不平凡的人生经历中忠实地践行着自己的人生信条——“在为社会创造价值的奋斗中实现自身人生价值”。

资料来源

1. 刘之昆 . 秦文贵柴达木的青春足迹［J］. 中华儿女，2012（10）：30-33.
2. 安蓓 . 秦文贵［N］. 人民日报，2011-04-11（2）.

教学建议

本案例可作为《新时代中国特色社会主义理论与实践》（2021 年版）“第二章　新时代坚持和发展中国特色社会主义”的教学素材。

赵素娟：扎根科研一线的“铿锵玫瑰”

赵素娟，女，江汉石油工程钻井一公司钻井液技术研发中心主任。她扎根基层，带领团队创新研发出 50 多项技术成果，8 项获得国家专利，形成了油基、水基、泡沫气体三大类别 18 种钻井液体系，填补了国内多项技术空白。曾荣获“中石化青年岗位能力”“江汉油田劳动模范”“感动石化”称号。

钻井液又称泥浆，在钻井施工中起到稳固井壁、平衡压力、携带岩屑、润滑钻具等作用，被喻为钻井的“血液”。江汉石油工程公司作为涪陵国家级页岩气产能示范区的主力军和先锋队，2013 年刚进入涪陵时，因油基钻井液技术掌握在外国公司手中，导致钻探成本始终居高不下。“没有自主知识产权，就只能被对方卡着脖子要钱。”那时，29 岁的赵素娟和团队成员决定从零起步，展开国产油基钻井液的研发。

钻井液性能的优劣关键在处理剂。从上百种处理剂中找到最优配比，如同 26 个英文字母，可以组合成无数个单词，要找到最合适的那个，难度之大可想而知。虽然屡屡受挫，但这个应用化学硕士研究生仍然斗志昂扬，“失败是常态，随随便便就成功那才不正常。”她说，“但只要坚持就会胜利。”600 多次实验，7000 多个数据，每天“两点一线”奔波在实验室和井场之间成为赵素娟的常态。一年后，具有自主知识产权的高密度油基钻井液研制成功，大大加快了整个页岩气勘探开发的国产化进程，经过 50 口井的推广应用，可节约钻井液成本 4500 万元。

科研路上不能有丝毫的停歇，不断优化、不断进步才能不被超越。随着环保要求越来越高，油基钻井液因基础配方是柴油，无法进行生物降解，弊端会日益凸显。“能不能研发一种环保钻井液来代替它呢?”赵素娟的思路很快得到公司支持，经过论证，确定了高性能水基钻井液的研发方向。然而，让“水变油”绝不是说说那么简单。“有三年时间我们都没什么实质性的突破。”团队成员解丽影还记得，当时大家都很气馁，只有赵素娟仍然“乐观又坚强”。

“以前思路不对，我们总想将水完全变成油。”赵素娟说，一天做饭她不小心把水倒进了油锅，溅起的油花烫伤了手，也让她突然明白，“水就是水，不可能成为油，按水的性能对应解决问题就好了。”经过 5 年艰难探索，高性能水基钻井液诞生。2019 年 7 月 14 日，在涪陵气田焦页 18-10HF 井首次成功应用，完成了长达 1378 米的水平段施工，开创了“水代油”绿色钻探先河，《工人日报》《湖北日报》等各大媒体纷纷争相报道。后来，江汉石油工程公司全力进军中石油四川页岩气市场，为了应对区块生态敏感的问题，赵素娟又开始夜以继日研发性能优良的环保型白油基钻井液。

一次实验时，破乳电压从 600 伏急剧下降到 100 多伏，想了很多办法都无济于事。赵素娟百思不得其解，晚上回家躺在沙发上一边敷面膜一边思考，不一会两边脸颊上起了红疹子，又疼又痒。这是常用的怎么会过敏？她仔细一想，可能是天热没保存好。等等！面膜会如此，那处理剂也会因为时间、温度的变化发生氧化，游离出胺离子，而这一点点改变都会影响泥浆性能！这个发现让赵素娟特别激动，当时已是晚上十一点多，她立即到实验室，从核心的乳化剂入手，改换新样品，重新配伍。慢慢地，破乳电压的数值逐渐回升，等到东方吐出鱼肚白的时候，显示器上的刻度终于定格在 600 伏。

历时大半年，“白油基泥浆”终于研发成功，有效保障页岩气勘探开发。2018 年底，在中石油自 201H7-6 井的钻探中，白油基泥浆首秀成功，该井创下四川自贡区块井深最深、钻井周期最短、机械钻速最快 3 项纪录。如今，白油基钻井液成为该公司在中石油川渝页岩气区块钻井队的标配，钻进速度一路高歌，从最初 120 多天缩短到 80 天、70 天以内。

俗话说，独木难成林，单弦不成音。在团队的共同努力下，她们研发的《双膜承压钻井液技术》攻克了涪陵二开井漏、井壁失稳的难点，获得国家发明专利，并荣获 2018 年湖北省技术创新成果三等奖。《高性能水基钻井液体系》开启了“水代油”绿色钻探先河，填补了江汉工程“水替油”专项空白。该研发中心被湖北省总工会授予“五一巾帼示范岗”“工人先锋号”“巾帼示范岗”等荣誉。

资料来源

雷宇，郭昊，陈卉．寻找“感动石化”人物丨赵素娟：扎根科研一线的“铿锵玫瑰”[EB/OL]. https://m.thepaper.cn/baijiahao_12299596.

教学建议

本案例可作为《新时代中国特色社会主义理论与实践》(2021 年版)“第五章　新时代中国特色社会主义文化建设”的教学素材。

陈清泉：电动汽车先行者

陈清泉，祖籍福建漳州，1937 年出生于印度尼西亚马吉朗市的一个华侨家庭，中国工程院院士。他发表了 450 多篇论文、17 本书和 10 件专利；曾获英国皇家工程院菲利普亲王勋章，被誉为“电动汽车之父”，被《亚洲新闻》评为“亚洲最佳创新者”。2023 年 3 月，陈清泉被评为“感动中国 2022 年度人物”。

一、“祖国强大，华侨华人才能站起来”

成长于华侨家庭，陈清泉 6 岁被送入印尼马吉朗市荷华小学读书。除了学校使用的主要语言荷兰语外，课余时间父亲还为他请来了英语教师，再加上家中日常使用的闽南语和印尼话，他在多样的文化氛围中成长。

陈清泉说：“我在第三代华侨家庭成长的，因为我在印尼的时候，华侨得不到保障。只有祖国强大，我们才可以站起来。”幼年经历的动荡时局，让陈清泉深刻体会到一个强大的国家对个体命运的重要。青年时期的陈清泉萌生了要回国求学的想法。

1953 年，年仅 16 岁的陈清泉回到了祖国怀抱，他考入北京矿业学院机电系，毕业后他留校担任助教，主讲电机学，期间还被保送到清华大学在职读研究生。陈清泉暗下决心，一定要为祖国的工业化进步贡献力量。在被借调至煤炭工业部期间，陈清泉参与编写了中国第一部《煤矿电工手册》。他仅凭简单的资料，设计研发了低频发电机，为中国煤炭工业的自动化做了最初的尝试。陈清泉又用 6 年时间，研制了中国早期的直线电机，包括用于发射鱼雷的直线电机加速器、自动绘图仪用的步进直线电机等。

二、“希望帮助祖国抓住机遇”

为方便照顾父母，陈清泉后来南下香港。当时，内地学历并不被香港高校所认可，陈清泉一边考试应聘，一边在香港大学攻读博士研究生课程。

1982 年，陈清泉博士毕业，在香港大学电机电子工程学系教书。陈清泉通过大量学习研究，预判出电动汽车广阔的发展前景，希望能够帮助祖国抓住这一发展机遇。为此，他决定将电动汽车作为自己的研究方向。

陈清泉创造性地把汽车、电机、控制等技术融合到一起，形成一门全新学科。他提出的电动汽车研究核心和总体指导思想，将汽车技术、电机技术、电力驱动技术、电力电子技术和现代控制理论有机地结合起来，为现代电动车学奠定了基础。20 世纪 90 年代，陈清泉设计了电动汽车 HKU2001，汽车采用高能量电池和智能化的电池能量管理系统，爬坡能力十八度，最高一次充电可以行驶 160 公里(在当时是先进的指标)。一经亮相，便引起了全球瞩目。

作为世界电动车协会的创办人和轮值主席，被誉为“电动车三贤士”之一的陈清泉多次荣获国际性科技成就奖，而在他的内心当中更看重祖国电动汽车的产业化进程。为此，他建言献策，助力国家战略，为行业发展作出了巨大贡献。

1997 年 7 月 1 日，香港回归祖国。恰好在这一年，陈清泉成为香港第一位当选为中国工程院院士的学者。作为一名归国华侨，他的求学、研学和治学之路，一直与祖国割舍不开。

三、“科学家没有退休”

2017 年 6 月，由陈清泉牵头，与香港其他 23 位院士一起，给习近平主席写了一封信，表达了香港科技工作者报效祖国的迫切愿望和促进科技创新的巨大热情，同时也期待国家能够帮助解决一些影响科研发展的问题。不到一个星期就收到了答复，信中提到的问题迅速解决，这让香港科技工作者振奋不已。

“我没有想到，习近平主席这么快就作出了重要批示，勉励香港科技工作者融入国家建设，并责成中央有关部门予以落实国家科研经费过境香港使用等问题。”陈清泉在接受采访时曾说，掣肘两地科研交流的壁垒终被破除，粤港澳大湾区的科技创新迈上一个新的台阶。陈清泉感慨道：“习主席批示很具体，他那个信是一个强心剂，我一直在脑子里深深记住，所以我要记住习主席的嘱托。香港一定要跟深圳和内地珠联璧合，融入国家的大建设。”近年来，国家支持香港科研发展的政策措施陆续出台。2018 年至 2021 年共有 17 个由香港高校牵头申报或承担的项目课题获批立项，项目资助经费达 1. 38 亿元。这些资金和政策上的支持，给了陈清泉莫大的信心。

心怀祖国，放眼世界，陈清泉仍然在为中国的科技发展贡献力量。走过 86

年的人生历程，他仍然初心不改。在感动中国颁奖典礼的现场，他说，希望在有生之年能够亲眼看到祖国大大小小的马路，不单是汽车，轮船、高铁、飞机都是电动的。

资料来源

1. 归侨科学家陈清泉：毕生奉献，感动中国！[EB/OL]. 2023-03-17. https://www.workercn.cn/c/2023-03-17/7771786.shtml.

2. 他带领祖国电动汽车在新能源赛道上驰骋、超车！[EB/OL]. 2023-03-04. https://content-static.cctvnews.cctv.com/snow-book/index.html? item_id=14696918045201870170.

教学建议

本案例可作为《新时代中国特色社会主义理论与实践》(2021 年版)“第一章 中国特色社会主义进入新时代”的教学素材。

林占熺：扶贫固沙菌草生，心系人类共同命运

林占熺，1943 年 12 月出生于福建连城，福建农林大学研究员、博士生导师。他是发明菌草技术、解决“菌林矛盾”这一世界难题的“世界菌草技术之父”。他放弃研发专利可能带来的千万元甚至上亿元收入，选择以科研成果助力我国和南非、斐济、卢旺达等国家和地区的贫困农民脱贫致富，他将全世界“无产者”装在心中。

一、筑牢黄河生态屏障，向建党百年献礼

“黄河是世界上含沙量最大的河流，在我心中，关于黄河的事情是一件大事，但是作为一名南方科技工作者，我从不敢想象能为位于北方的黄河做些什么。”直到 20 世纪 70 年代，林占熺赴陕西汉中调研时来到黄土高原，才真实感受到黄河流域水土流失的严峻性。

那时，我国已经从国外引进椴木栽培香菇技术，但与食用菌种植成为农村脱贫重要产业并行的是树木遭到大量砍伐、生态环境遭受严重破坏。“椴木栽培香菇技术刚引进时，我就认为这种技术不符合我国的国情。”林占熺亲眼所见的黄河流域生态情况，更加坚定了他的信念：中国不能走砍树发展菌业的路，要走可持续的中国道路。

林占熺开始尝试利用野草，“以草代木”种菇。“1986 年，我的实验获得了成功。”当年 12 月，“以草代木”种菇技术开始在农村贫困地区推广。1987 年，林占熺在福建连城、尤溪、宁德等多个县市建立起“以草代木”栽培香菇、木耳的示范点。“示范效果很不错，全国各地很多人都非常感兴趣。后来，福建省科委将‘以草代木’栽培食药用菌的情况向国家科学技术委员会汇报。在领导的支持下，科技部将菌草技术列为‘星火计划’重中之重的项目之一向全国推广。”

20 世纪 90 年代，在推广菌草技术的过程中，林占熺来到位于黄河下游的

山东沂源。“途经黄河时，我看到黄河断流了。这么大的一条河流会没有水，这是我从来没有想过的。黄河是我们的‘母亲河’，是祖国的‘血脉’啊!”他想到，以前治理黄河的多数工程都要花费大量资金，想要实现黄河全流域治理并不容易。

1994 年，“以草代木”发展菌业作为扶贫产业，已经开始在全国 10 多个省份推广。第二年冬天，时任中共中央对外联络部秘书长马恩超约林占熺赴北京，介绍关于山东沂源发展菌草产业扶贫的情况。“秘书长提出到陕西彬县运用菌草技术扶贫，我建议在彬县先种植菌草再栽培食用菌。他对我的想法非常重视，说‘教授，我跟你到黄河种菌草去!’”林占熺在黄河沿岸省份发展菌草产业、建设生态屏障的设想，从这里萌芽。

将菌草技术应用于生态治理、将生态治理与产业扶贫相结合，在全世界都属于首创。“这是一个新事物，我们一直在苦苦摸索，其中有着太多的困难。”林占熺说。

在攻坚克难的过程中，林占熺团队实现了一个又一个突破。我国沙尘暴策源地之一——乌兰布和沙漠平均每年向黄河输送约 7000 万至 1 亿吨沙土，使河床年均抬高 10 厘米以上。从 2013 年开始，林占熺率领菌草技术团队在当地安营扎寨，建立菌草防风固沙试验基地，开展菌草防风固沙试验示范，一干就是八九年。“2013 年种植在乌兰布和沙漠中的菌草，八九年之后，根系仍然能够起到固沙的作用。”

黄河清，天下宁。至 2021 年，林占熺率领团队在沿黄河的 9 个省 30 多个县市开展菌草生态治理试验示范推广，为建设黄河千里菌草生态安全屏障和菌草新型产业高质量发展提供了科学依据和技术支撑。“希望以‘母亲河’菌草生态治理取得的成效，向党的百岁生日献礼。”林占熺说。

二、参加扶贫工作，是自觉自愿的追求

“参加扶贫工作，我是自觉自愿的。”林占熺在世界各地参与扶贫工作，不仅积极主动，而且基础扎实。

早在 20 世纪 70 年代椴木栽培香菇技术刚引入我国时，林占熺便提出“以草代木”发展菌业。“10 多年过去了，仍然没有人做这件事。1983 年，福建省农委组织科技扶贫考察团对贫困地区展开考察，我作为专业技术人员参与其中。”为帮助老少边穷地区的老百姓找到脱贫致富的好路径，他主动放弃在行政上的发展机

会，选择从事科技扶贫工作。

在福建，往往海拔越高的地方贫困程度越深。林占熺的工作获得中国扶贫基金会的重视，中国扶贫基金会将他研发的菌草技术列为科技扶贫的首选项目。在中国扶贫基金会推动下，林占熺开始向来自全国各地贫困地区的干部和从业人员开展菌草技术培训，他还专门赴汉中举办为期一周、有173名扶贫干部参加的菌草技术培训班，并派菌草技术人员到汉中驻点指导，推动了汉中菌草技术扶贫事业的发展。

1996年，党中央作出“东西部扶贫协作”的重大决策。“我主动请缨去宁夏做扶贫工作。”宁夏与汉中距离不远，已经具备汉中推广成功经验的林占熺心中有数，他是奔着再艰难也必须成功的目标去的。总结20多年来菌草技术扶贫的经验，林占熺认为，有必要创建一种能够集中体现所有模式优点的新形式，与黄河生态治理相结合。他提出，在沿黄河地区建设若干个菌草科技创新产业园。

生于新中国成立前的闽西，林占熺也曾是贫寒的农家子弟，“是共产党让穷人吃饱饭，给了我入学读书的机会”。在他看来，无条件为人民服务，为党的事业奋斗终生，是一名共产党员应当具备的基本素质。“扶贫攻坚，匹夫有责。我是受党的教育成长起来的，为了党的事业做工作是应该的。”

三、“中国草”走向世界，共建人类命运共同体

随着一带一路建设，中国的菌草走出国门，至今已推广至全球100多个国家。在非洲的很多地方，菌草被称为“中国草”。因为这种迅速生长的草，既可以防风固沙，又可以做菌菇培养料，还能为牲畜养殖提供高品质又低价的饲料，真可谓一举三得。

远在6000多公里外的巴布亚新几内亚，有成百上千的当地居民，经常用盛大的仪式，载歌载舞地欢迎着他。林占熺说：“看到我去，那是比他亲人回去还要兴高采烈。一叫林老师来了，整个村非常多人就跑过来。”一位曾任巴布亚新几内亚警察部的部长甚至给女儿就取名叫“菌草”。东高地省居民布莱恩·瓦义说：“很短时间内，你几乎可以每天收割，你不停收割，就不停有钱进账。”这株小小的菌草，凝聚的是不分国籍、不分地域的所有人，对脱贫致富的美好愿望。

林占熺说，30年前他给自己定的使命就是：发展菌草业，造福全人类。因为这是他的中国梦，也是他的菌草梦。

资料来源

1. 感动中国 2022 年度人物揭晓，“菌草之父”林占熺上榜！[EB/OL]. 2023-03-04. https://new. qq. com/rain/a/20230304A07XLJ00.

2. 林占熺：为生态扶贫奋斗终生[EB/OL]. 2021-07-02. https://www. peopleweekly. cn/html/2021/renwu_0702/78019. html.

教学建议

本案例可作为《新时代中国特色社会主义理论与实践》(2021 年版)“第六章　新时代中国特色社会主义社会建设”的教学素材。

谢军：北斗照亮中国梦

谢军，1959年出生于山西临汾，北斗三号工程副总设计师、北斗三号导航卫星首席总设计师。1982年，毕业于国防科技大学电子工程系雷达专业，同年到航天科技集团五院504所工作，后获五院通信电子专业硕士学位，先后担任504所测试中心副主任，规划投资处处长，504所副所长、所长，北斗二号导航卫星总设计师等职务。2009年，获航天奖。2010年，获航天功勋奖。2012年，获"十佳全国优秀科技工作者提名奖"。2021年8月，获首届航天功勋荣誉称号。

2020年6月23日，我国北斗三号全球卫星导航系统最后一颗组网卫星发射成功，这是中国北斗全球卫星导航系统的"收官之星"。经过近8天飞行，这颗"收官之星"成功定点，至此，北斗全球卫星导航系统星座部署全面完成。2007年，第一颗北斗导航卫星发射升空，而谢军与北斗的故事，早在2003年就开始了。

一、"每做一件事情一定要做好"

2003年9月，院长一通内容十分简洁明确的电话让谢军和北斗结缘，他走上了北斗二号导航卫星总设计师的岗位。此后的十几年，谢军和北斗更加紧密地联系在一起。岗位变了，谢军身上的担子更重了，肩负的使命也更多了。

谢军说："在这个领域做事情，每做一件事情一定要做好，做得要比别人强才行。"但是在他担任总设计师之初，谢军坦言有许多知识都没有掌握，诸多问题都不是很清楚，他面对着极大的挑战和困难。

谢军的压力很大，特别是在别人提出要求、国家给出任务却不知道该怎么做和遇到难题不知道该怎么解决时。但谢军说："实在不行就熬，熬那么几天总能想出来办法。"

谢军口中的"熬几天"，有时是持续一个月每天近16个小时的工作，有时是3年多坚持不懈的攻关改进。

2009年北斗三号全球系统建设启动，谢军遇到了很多困难。持续一个月的时间，他几乎每天早晨八点半开始上班，一直干到晚上十二点。面对着一天将近16个小时的高强度工作，谢军却说：“一旦投入到这个工作中去了，好像睡意包括困劲累劲就都没有了。”

星载原子钟被称为导航卫星的“心脏”，它的精度和稳定性直接关系导航系统的服务质量。谢军和团队在研制北斗二号导航卫星时，星载原子钟就成了绕不开的“拦路虎”。

他们研制出的第一台原子钟在工作时常出现信号突跳，精度较差。为了解决精度问题，谢军要求科研人员每天、每周对卫星上选用的特定原子钟设备进行定期监测，然后根据数据进行改进。

这一改就改了3年多。终于，谢军和他的团队让北斗卫星用上了自主研制的精准原子钟。目前，北斗卫星原子钟的质量和指标不断提升，授时精度相当于300万年只有1秒误差。

不仅仅是自主研制高精度星载原子钟，在这十几年的时间里，谢军带领北斗团队解决了一系列技术难题，突破了高稳定长寿命时间基准技术、上行注入抗强干扰技术、高精度测距技术和阵面天线技术等难题，首次实现百万门以上国产ASIC电路在轨应用。

北斗三号有三十颗卫星，作为一个整体来讲，每一颗卫星都要把自己的工作做好，要保证质量，还要最大限度地发挥功能。谢军说：“我们设计的每颗卫星都有它的功能和用途，整个卫星是一个星座系统。”而这句话也能够用来比喻谢军和北斗团队，解决难题往往不能只依靠一个人，谢军深知团队的力量，同时他也像一颗兢兢业业的卫星一样，不断发光发热，承担着属于自己的那一份责任。

二、“中国的北斗一定会成为世界的北斗”

献身航天事业30余载，其中苦乐，外人可能难以体会。对于谢军来说，北斗事业非常吸引人，他说：“在这干有一种责任感，有一种使命感，也有荣誉感。”我国自主研发的独立运行的卫星导航系统，对国家安全、国民经济、社会发展、人民生活都具有非常重要的意义。我国的商船曾在公海航行途中，被无故中断GPS信号，搁浅三周左右。作为一个航天大国，我国必须要有自己安全独立的时频基准系统，也一定要把非常重要的空间基础设施、卫星导航系统搞上去。

谢军说："像北斗卫星导航系统这样非常重要的国家基础设施，关键产品、关键技术如果不掌握在自己手里，就像沙漠里的高楼大厦，没有基础是不牢靠的。"

2007年，第一颗北斗导航卫星发射升空，中国全面进入了北斗卫星组网的发射期。2017年，23颗卫星发射成功，而从2017年到2020年，3年间32颗卫星发射升空，这样的速度在全世界的航天大国中都是绝无仅有的。而之所以能有这样的中国速度，谢军说："航天人，就是要多付出一些汗水，同时把产品在有限的时间内做得可靠。"

说到这份"可靠"时，谢军语气轻松，但从容的背后其实是他献身航天事业30余载的沉淀。从北斗一号、北斗二号到北斗三号，我国已逐步实现所有产品百分之百国产化。

短报文、通信位置报告、星基增强……相比其他卫星导航系统一般只提供导航定位和授时服务，中国北斗卫星有着更多的功能。如今，北斗系统的精密单点定位和星基增强服务，将在智慧城市建设，包括日渐兴起的自动驾驶、无人机送货等方面得到广泛应用。实现更广泛的应用，得益于像谢军一样的中国航天人独具匠心的设计。中国北斗采用中国方案，凝聚着中国智慧，引领着导航卫星发展新潮流。谢军说："我们北斗三号逐步把所有星上的单机产品的国产化率从80%提高到了100%。所以国产化这件事情，我觉得在我整个负责和跟大家一块研制北斗三号卫星过程中，应该是做得比较漂亮的一件事情。"

站在北斗三号最后一颗收官之星的发射塔下，谢军说自己的心情既激动又平静。激动的是，北斗系统从工程立项以来，他们经历了千辛万苦，度过了不知多少个不眠之夜，终于获得了圆满成功；而平静的是，作为一个航天人，他深知航天事业是一个高风险的事业，之前的成功并不代表后面就没有风险，他必须保持清醒的头脑。

对于谢军来说，"收官之星"不代表着北斗工程的结束，而是整个系统发展的一个新的节点。在谢军的心里，一直有一个信念——"中国的北斗将来一定会成为世界的北斗。"

资料来源

1. 谢军：献身航天30余载　用北斗照亮人生坐标[EB/OL]. 2020-07-15. https://people.cctv.com/2020/07/15/ARTIsRDl9xPydSyzER5sjWzq200715.shtml.

2. 谢军：梦在星空　路在脚下[EB/OL]. 2019-11-01. www. beidou. gov. cn/yw/xwzx/201911/t20191106_19385. html.

教学建议

本案例可作为《新时代中国特色社会主义理论与实践》(2021 年版)“第二章　新时代坚持和发展中国特色社会主义”的教学素材。

朱枞鹏：造就一座梦想“天宫”

朱枞鹏，1963 年 10 月出生于安徽枞阳，初中就读于枞阳中学。成绩十分优异，中考时成绩在枞阳县排名前列，并于 1978 年进入蚌埠航运技工学校读中专。1980 年进入安庆造船厂工作。1982 年到 1985 年在安庆电大全脱产上大学。之后在工作岗位上边工作边立志考研。1990 年考入哈尔滨工业大学硕士研究生。1993 年 3 月进入中国空间技术研究院，从事载人航天工作。

2018 年 9 月 15 日，由中国空间技术研究院抓总研制的天宫二号空间实验室圆满完成了在轨运行 2 年的指标，取得了阶段性胜利。截至 2018 年 9 月 25 日，天宫二号已在轨正常运行 738 天。目前，天宫二号运行在平均轨道高度 400 公里左右的近圆轨道，状态设置正确，各项功能正常，各项指标良好，正在按照工程总体的安排，按计划进行压气机寿命试验等拓展试验，并继续配合空间应用系统开展应用试验。

5 年精心研制，2 年在轨运行，天宫二号进一步提升了我国在载人航天技术领域的国际地位，有力推动了我国实施航天强国的建设工作，扩大了中国在世界的影响力，带动了相关科研院校和生产单位的技术进步及经济发展。

天宫二号打造了我国第一个真正意义上的空间实验室，成功研制了我国首个具备补加功能的载人航天科学实验空间实验室，交会对接期间作为对接目标飞行器、与载人飞船组合体期间作为载人科学实验平台、与货运飞船组合体期间作为推进剂补加平台、自主飞行期间作为空间应用技术实验平台；通过推进剂补加实现飞行器长期在轨飞行。

朱枞鹏正是因为坚持了自己的梦想，并刻苦奋斗，才能让梦想照进现实，成为中国载人航天事业一员。1977 年，国家恢复高考，朱枞鹏看着一张张高校招生海报，梦想的种子在心里悄悄埋下。“男孩子喜欢飞机、大炮、坦克，喜欢军事，1977 年招生，县教育局橱窗挂了好多招生简章，我一看都是导弹、飞机、卫星，立马对这个感兴趣。后来考研究生时候，就奔着这个梦想，选择了载人航天相关专业。”朱枞鹏说。但朱枞鹏初中毕业时，由于家里人希望他早些捧到“铁饭碗”，就读了中专，后进入安庆造船厂工作。“在工厂里一边工作一边学习确实非常辛苦。我和几个经历比较相似的同学都一直在学习，后来都上大学了。为什么能坚持，因为有理想。”朱枞鹏说。再后来，自学通过硕士研究生考试，进入哈工大，学习飞行力学专业。

如果说，在求学之路上支撑朱枞鹏孜孜不倦学习的是梦想，那么当梦想照进现实后，肩负的使命感则让他精益求精，奋斗不止。1993 年，朱枞鹏进入中国空间技术研究院(航天科技集团五院)工作。彼时，中国载人航天工程处于起步阶段，国家经济实力比较弱，没有太多资金，各方面条件比较艰苦。而西方国家一直对中国进行科技封锁，中国航天只能靠自己。“我刚参加工作时，中国载人航天工程才刚刚立项，甚至连飞船在哪开舱门都还在论证。我们这帮人当时就有一个梦想——争八保九。争取 1998 年，最晚 1999 年，把中国的载人飞船送上太空，这是我和我的团队共同的使命。”这份使命感，从他来到中国空间技术研究院工作的那天起，就一直伴随着他。“那时候，我们都年轻气盛，满怀激情。会议室里经常爆发出激烈的争论。办公室的灯光经常亮到凌晨。为了模拟返回舱海上漂浮试验，毒辣辣的烈日把我们试验队员都晒脱了皮。”他说。当时他们有个口号：使命因艰巨而光荣，人生因奋斗而精彩。为了这个使命，每个人都在铆足了劲干。

“天宫二号”的顺利发射离不开每一个环节的细致和严谨。朱枞鹏和他的团队做了大量的实验和各种方案，模拟太空。在实验中发现问题，不断改进。在绑定器实验中，他们发现如果缓冲发动机失效，舱一下子落到地上，冲击力很大，会把人撞伤。他们用医学标本，解剖尸体以后发现脊椎有损伤。“如果这个事航天员遇上，肯定会受伤。对我们来说，不仅要保证航天员的生命安全，也要保证他们不能受伤。后来我们通过改进座椅，硬着陆也没事。”朱枞鹏说，“我们的口号是‘零缺陷、零疑点、零故障’，就是不能有任何瑕疵。”通过五年的努力，“天宫二号”从一张张图纸变成了实物，在 2016 年中秋节那天飞向太空。当时的朱枞鹏坐在发射的指挥大厅里坚守岗位，听到外面火箭隆隆的声音，他的内心百感交集。“航天器是有生命的，从一点点开始都倾注了我们的汗水和心血，这种情感就像养育自己的孩子。”自加入航天队伍以来，朱枞鹏参加了神舟一号至神舟五号载人飞船研制工作，负责神舟五号和神舟六号飞船总体技术工作，主持完成了天宫二号空间实验室系统研制技术工作，为我国载人航天全面进入空间站时代作出了突出贡献。

多年前，那个站在枞阳县教育局橱窗前被哈工大招生海报深深吸引的少年，是否能想到未来的自己用近 30 年的青春见证并参与了中国载人航天事业从立项论证到实现跨越式发展的完整历程。他不仅圆了自己的航天梦，也和无数航天人一起圆了中华民族的航天梦。

天宫二号团队是一支平均年龄 30 多岁的人才队伍，他们在空间实验室的研制过程中迅速成长起来，成为航天科技战线的一支中坚力量，充实了航天战线的整体科技实力。

朱枞鹏在接受采访时说：“对青年学子，我有三点期望：一是大学是你在一生中进行系统性学习的最好阶段，希望同学们在最好的时光扎实学习、夯实基础、开阔眼界，为未来工作做好准备；二是培养科学钻研精神和自学能力，敢于啃硬骨头；三是为人做事要踏实肯干，切勿急于求成。你通过学习和科研获得知识和经验，都会帮助到未来的你。”

资料来源

1. 中国载人航天事业见证者朱枞鹏的人生之“最”——访天宫二号总设计师、哈工大杰出校友朱枞鹏[EB/OL]. 2018-05-16. https://www.hitsz.edu.cn/article/view/id-40683.html.

2. 朱枞鹏：天宫二号任务圆满成功，为迈入空间站时代打下坚实基础[EB/OL]. 2018-9-26. https://www.cmse.gov.cn/xwzx/yzjz/201809/t20180926_45111.html.

教学建议

本案例可作为《新时代中国特色社会主义理论与实践》(2021 年版)“第八章　新时代坚持和发展中国特色社会主义的重要保障”的教学素材。

包信和：教人须是循循善诱

包信和，1959年8月出生于江苏扬中，物理化学家，中国科学院院士，现任中国科学技术大学校长，主要从事能源高效转化相关的表面科学和催化化学基础研究。

一、解密催化黑匣子，从小成果到大催化

改革开放后，国家经济实力、科技实力逐步提升。1994年，中国科学院希望引进一批国际高层次人才，引领国家科学技术发展。1995年，得知这个消息后，远在德国的包信和响应国家的召唤，来到大连化学物理研究所催化基础国家重点实验室，扬起了催化基础和应用研究的风帆。

包信和认识到我国是一个贫油、少气、富煤的国家，大量依赖进口石油生产液体燃料和化学品关系到国家能源安全。因此，他瞄准了煤、天然气等高效清洁转化，将研究方向锁定在能源小分子转化生产液体燃料和必需化学品领域。“研究就是要瞄准催化中的关键科学问题，‘解密催化黑匣子’，做有意义的研究课题，服务国民经济发展的需要。”包信和说。

能源小分子的转化离不开催化剂。活性金属，如铁、钴、镍等都是常用的金属催化剂，但活性金属特别是纳米催化剂在实际反应过程中往往面临活性物种化学价态难以控制、催化性能难以调控等难题。2006年，研究团队发现，碳纳米管不但能限制纳米粒子的尺寸，而且管内三氧化二铁的还原温度随着管径减小而降低，同时低于直接附着在管外的纳米粒子。更重要的是，管腔还能稳定配位不饱和的还原态金属物种。因此导致碳纳米管内外的纳米粒子活性有较大的差别。这一现象引起了包信和的关注。

一次实验现象转瞬即逝，但包信和敏锐地抓住了这一点点稍纵即逝的实验现象，通过大量的实验验证，探求到了这些现象的科学本质。通过周密的实验设计和大量的研究发现，包信和提出了“碳纳米管限域”的概念。从现象挖掘本质，

研究团队提出了“界面限域催化”的概念。随着纳米限域及界面限域概念的形成和完善，包信和研究团队另辟蹊径，实现催化过程中转化率和选择性的解耦，科研团队创制出一种新型复合双功能催化剂体系，解决了一直困扰他们的问题。瓶颈突破之后，结果便水到渠成。

2016 年 3 月，《科学》杂志刊登了这一研究成果，并同期刊发了以“Surprised by Selectivity”(令人惊奇的选择性)为题的专家评述文章，认为未来该过程在工业上将具有巨大的竞争力。当从事费托合成研究 20 多年的德国一跨国公司资深研究人员了解到该研究后，沮丧地说：“这个点子为什么不是我们先想到的?”包信和不无自豪地回答道：“你们想到的点子已经很多了，也该轮到我们了。”

“与追求催化效率数字提升不同，包信和老师非常注重现象背后的机理。他要求研究团队先搞清楚机理，对基础深入理解更有利于改进催化剂，提高催化效率。”大连化学物理研究所副研究员焦峰说，“经常晚上 10 点左右包信和老师还要找我探讨当天的实验情况，分析现象背后的原因。”

在时任所长张涛的推动下，包信和领导的基础研究团队与刘中民带领的应用开发研究团队通力合作，很快完成了该成果的实验室验证。大连化物所与陕西延长石油(集团)有限责任公司合作，建设了世界上首套基于该项创新成果的千吨级规模的煤经合成气直接制低碳烯烃工业试验装置。该装置于 2019 年完成单反应器试车，催化剂性能和反应过程的多项重要参数超过设计指标，总体性能优于实验室水平；2020 年成功完成工业全流程试验，进一步验证了该技术路线的先进性和可行性。

“理论指导实践，未来，基于“纳米限域催化”概念，将有更多技术实现产业化应用，届时将有望提高我国乃至全球的资源利用效率。”包信和说。

二、青年兴则国兴，青年强则国强

“纳米限域催化概念及其产业化尝试需要多个研究团队、上百位研究人员的团结协作，任何一环出现短板或松懈都无法达到今天的效果。”包信和说，“一直以来，研究团队都非常重视人才培养和学风道德建设。”

包信和非常重视科研骨干的工作研讨，定期组织讨论已成常态。从 2007 年就师从包信和的大连化物所研究员邓德会是这些研讨会的“常客”。“每次有困惑我都去找包老师，他不在办公室就在实验室。”他说，“这个团队有一条铁一样的纪律，那就是‘不允许任何不正之风’，任何人都不能跨越。”实验室也对研究课题提出严格要求："你做的工作要得到国内外科技界认可，一提到某项工作，大家就知道是你做的。"在新生来所、导师报告、开题报告、骨干讨论会、年终总结大会上，包信和不断强调。

为了培养一流人才，包信和为年轻导师的发展创造了许多良好的条件，比如项目、经费、设备和学生等。包信和还会定期召集团队成员，讨论每个人的发展规划。这也造就了团队和谐、团结的氛围，培养出一批心无旁骛的科技人才。与此同时，科研团队对科研论文署名、实验原始数据记录都有严格规定，并实行培训和检查并举。此外，还强调实验安全，组里设安全员，每周进行检查。20 多年来，该实验室共培养博士研究生 125 人、硕士研究生 14 人、博士后 40 余人，多人已成长为催化领域的优秀人才，在学术界和产业界产生了重要影响。

包信和说："教育创造未来、科技引领发展、人才驱动创新，一体化部署为新征程上中国特色世界一流大学建设指明了前进方向，启发我们进一步发挥高校'教育的基础性支撑、科技的创新性引领、人才的主体性驱动'作用，不断探索三者协同发展的内在规律，走出一条建设中国特色世界一流大学的新路。"

中国科学技术大学举行的 2021 届毕业典礼暨学位授予仪式上，包信和发表了题为《传承科大人的红色基因，在可为的时代做有为的青年》的讲话，对毕业生送上深情寄语。

"同学们，你们站在'两个一百年'奋斗目标的历史交汇点，到本世纪中叶，中国将建成社会主义现代化强国，你们正逢其时，第二个百年奋斗目标将在你们手上实现，中国的前途是你们的，世界的前途是你们的，希望寄托在你们身上。"包信和如是说。

在他的带领下，中国科大总结凝练基础研究创新人才成长规律，注重"基础宽厚实、专业精新活"，通过"科教结合、所系结合、理实结合"，提升学生源头创新和实践能力，着力提升教育水平和人才培养质量，聚焦国家急需领域紧缺专业人才培养，鼓励更多学生投身重点急需行业领域，想国家之所想、急国家之所急、研国家之所需。

资料来源

1. 擎旗奋进　努力做科技强国先锋力量[EB/OL]. 2021-09-01. https://news. ustc. edu. cn/info/1055/76518. htm.

2. 不允许任何不正之风！摘得国家自然科学一等奖，这个实验室有条铁律

[EB/OL]. 2021-11-04. https://wenhui. whb. cn/third/baidu/202111/04/432270.html.

3. 想国家之所想、急国家之所急、研国家之所需——大学校长谈高等教育高质量发展[EB/OL]. 2022-11-24. http://digitalpaper. stdaily. com/http_www. kjrb. com/kjrb/html/2022-11/24/content_544919. htm? div=-1.

教学建议

本案例可作为《新时代中国特色社会主义理论与实践》(2021年版)“第五章 新时代中国特色社会主义文化建设”的教学素材。

郑志明：钳工界的“大国工匠”

郑志明，1977 年 5 月生，中共党员，大学本科学历。1997 年，以钳工学徒的身份进入广西汽车集团有限公司。他是广西汽车集团首席技能专家、国家级技能大师工作室负责人。同时，他也是广西壮族自治区第十二次党代会代表，中共二十大代表，2020 年全国劳动模范。

“作为一名党员，我希望为国家的工业发展贡献自己的力量。”郑志明说，这是他的心愿，也是前进的不竭动力。时代在快速变革，新的技术更是一日千里。在对工艺及设备进行改造过程中，郑志明发现公司花大价钱买回来的不少进口设备虽然“高大上”，但在实用性上还是差了一截。“我们能不能自己来设计制造这些‘洋设备’？”当这个大胆的念头在他脑海里浮现后，郑志明瞄准新技术前沿，从机器人编程、控制技术学起，再到机器人设计制造，经过苦学探索，他硬是啃下了《机器人编程》等十几本书，成为自动化技术方面的“土专家”。在郑志明的带动下，这支近 80 人的国家级技能大师工作室团队，分工合作、埋头苦干，终于将设备成功研制出来。该设备投入使用后，性能达到了进口设备的同等水平。

20 多年以来，郑志明带领团队自主研制完成工艺装备 515 项，交付使用工艺、工程装备 1236 台(套)，参与设计制造的涂装、焊接、装配等各类先进的自动化生产线十多条，为企业创造直接经济效益 6000 余万元。由他自主设计制造的各种工艺装备每年可为公司节省采购成本高达 1000 多万元，减少生产操作岗位 209 个，节约人工成本 1000 多万元。

独木不成林，一花不是春。郑志明不仅自己本领强，还把培养人才作为自己的一项重要使命。他悉心教授徒弟，毫无保留地把“独门秘籍”传给他们，每年还免费授课 200 多课时，先后带出高级技工、高级技师、公司特聘专家等近 20 人。他的徒弟及工作室成员在市级以上技能大赛中屡屡获奖，有 35 人获得技能大赛名次，其中 22 人(次)获得省部级技能大赛名次，8 人(次)获得国家级技能大赛名次。

初入企业时，师傅的深深教诲，无微不至的关怀，让郑志明取得长足的进步。“报答恩师，不仅要自己努力奋斗，获得一定的成绩给师傅长脸，更要将师傅传授给自己的那些宝贵的技术经验继续传承下去，让匠人之心继续发扬光大。”郑志明现在收了10多位徒弟，每一位徒弟他都严格要求，不仅将自己的钳工技术传授给徒弟，还勉励徒弟们要沉得下心，认真、刻苦磨炼技术。郑志明带着徒弟一步步铲除路上的荆棘爬向顶峰，又一次次挑战新的山峰。这些年先后获得国家发明型和实用型专利各1项，多项成果获广西先进工艺装备及先进设备改造评比一、二、三等奖。

2014年5月，郑志明国家级技能大师工作室挂牌成立，年仅37岁的郑志明挑起了工作室带头人的大梁。工作室核心团队共15人，每人的技术特长不一，分工明确，合作默契，3年来硕果累累。

“自己一个人技术好不算厉害，让工友们个个技术过硬，大家群力才能做出成绩来。”这是郑志明坚守的信念。现代工业是手艺与科技的结合，热衷于创新和发明的工匠们一直是世界科技进步的重要推动力量。作为广西机器大工业中新技术、新能力的钻研者、革新者，郑志明把工匠精神融入到对每个零件的精心打磨中、对每个设备工艺的精巧创意中，追求极致，巧思创新，推动着中国汽车制造业与时俱进、砥砺前行。

作为一名产业技术工人，郑志明扎根生产一线，践行着“追求卓越，精益求精”的工匠精神，用实际行动展现了“干在实处，冲在前头”的新时代中国共产党员风采。

资料来源

1. 党的二十大代表郑志明：从普通钳工到“大国工匠”[J]. 中国人才，2022(11)：60-61.

2. 刘辰. 匠心追梦人，手工锉出“丝”级零件——记广西汽车集团柳州五菱汽车工业有限公司高级技师郑志明[J]. 中国科技产业，2021(1)：66-67.

教学建议

本案例可作为《新时代中国特色社会主义理论与实践》(2021年版)“第五章　新时代中国特色社会主义文化建设”的教学素材。

蒋剑春：物质能源的探索者

蒋剑春，1955年2月出生于江苏省溧阳市，中国林业科学研究院林产化学工业研究所研究员、博士生导师，林产化学工程专家，中国工程院院士，主要从事林产化学加工领域的生物质热化学转化技术、活性炭制备的基础与应用研究、开发设计工作。2004年，被聘国家能源技术领域“863”专家委员会专家；2005年，被聘南京林业大学兼职教授。主持承担生物质能源转化和活性炭相关领域的国家“攻关”、“948计划”项目、成果转化等科研项目。

一、让农林剩余物变废为宝

2014年1月10日，中国林业科学研究院林产化学工业研究所(以下简称“林化所”)所长蒋剑春带领创新团队完成的科研项目——“农林剩余物多途径热解气化联产炭材料关键技术开发”获得2013年度国家科技进步奖二等奖，这项荣誉是对他所取得的科研成果的极大的肯定和鼓励。

20世纪80年代，热解气化技术作为生物质能转化利用的重要途径，逐渐成了国内外研究的热点，我国在这方面取得了初步进展，但由于缺乏基础理论研究和有效的定向控制手段，还存在着技术单一、气化设备的原料适应性窄、燃气品质低、系统操作弹性和运行稳定性差、气化固体产物没有得到高值化利用、工程化技术集成应用创新不足等一系列问题，难以规模化推广应用，严重制约了产业化进程。此时，源于对国家能源需求的准确而前瞻的判断，蒋剑春将研究重点瞄准于此。

蒋剑春和团队以实际应用的需求为出发点，通过创新研究，突破内循环锥形流化床气化、大容量固定床气化、富氧催化气化、联产高附加值炭材料等技术瓶颈。在这段科研的“长跑”中，蒋剑春带领团队，取得了多项创新性成果，比如发明了内循环锥形流化床气化技术及装备，创制了大容量固定床气化技术及装备，开发了富氧气化和催化裂解制备高品质燃气技术，创新了农林剩余物热解气化联产炭材料技术；这项技术成果赢得了多项“第一”“首创”和“领先”。

蒋剑春所研发的项目在2012年通过了国家林业局组织的鉴定，专家组认为“首创了锥形流化床生物质气化技术与设备”“首次实现了利用生物质气化过程联产高碳含量固体炭产品的优化耦合生产技术，提高了生物质气化技术应用的经济价值，为生物质可再生能源转化综合利用开拓了新途径”“建立了世界上最大规模利用生物质燃气供热的年产5000吨化学法活性炭示范生产线”。同时，该项目得到了国际同行的肯定和高度评价：“这是一项杰出的成果，在生物质流化床反应器放大方面具有重要意义。”目前该技术的应用还主要局限在林业领域，农业领域涉及较少。蒋剑春表示：“我国农业生产加工的剩余物(废弃物)更丰富，每年多达数亿吨。这是我们希望下一步重点推广的目标。”

二、生物质能源的探索者

蒋剑春在利用林业资源开发生物质能的这条道路上艰难跋涉，见证了生物质能源从“无人问津”到“炙手可热”的全过程。20世纪90年代初，生物质能研究在中国尚处于起步阶段。也就是在那个时期，蒋剑春开始与生物质能源结缘。从1996年以来，蒋剑春就一直从事林产化学加工领域的生物质能源转化化学与利用、活性炭制备等方向的化学化工相关技术领域的基础和应用研究及成果转化工作。在当时，在可能“坐冷板凳”的科研领域，怀揣着为国家解决需求的决心，蒋剑春带领团队就此开启了农林剩余物热解气化的研究之路。

他先后主持和参加完成国家“863”“科技攻关/支撑”“自然科学基金”“948”等重点研究科研项目20余项；主持和参加完成科技成果转化、技术服务和推广示范工程设计项目24项等。随着研究的深入，蒋剑春发现，研究和开发生物质基功能材料对于利用我国丰富的可再生资源，开发高性能、高附加值的相关产品同样具有重要意义，于是，他将研究领域拓展到生物质炭质吸附材料上。他们研究的活性炭技术提高了我国活性炭深加工水平，替代进口并提高出口产品的附加值；开展大气、水处理等环境保护用活性炭制备技术、应用技术和再生技术研究，满足了我国环境保护领域日益增长的活性炭市场需求。

科学家总有一双善于发现的眼睛。依托技术攻关，蒋剑春又敏锐地发现，采用催化热裂解的方式进行油脂精炼加工的方法，可将生物质转化成常规的液态燃料以及其他化工原料或者产品，该技术和化石燃料的利用方式具有很大的兼容性。因而后来，他又领衔了国家科技支撑计划课题——“富烃车用生物柴油及其综合利用技术的研究与示范”，对高效的生物质液体燃料炼制技术进行开发。许多的自主创新是持续创新的结果，没有稳定的创新团队，这种持续创新是不可能实现的。一路走来，蒋剑春是勇敢的探索者，更是领路人，他培养出了一支优秀的团队。同时林化所这个平台也日渐坚实：现设有生物质化学利用国家工程实验室、国家林产化学工程技术研究中心等科技创新平台；设有中国林学会林产化学化工分会、国家林业局林化产品质量监督检验站等学术和技术机构；设有 2 个博士、4 个硕士学位培养点和博士后流动站。

资料来源

1. 王军．蒋剑春：推动第四大能源大发展[J]．科学中国人，2014，265(13)：58-59.

2. 林产化工专家　中国工程院院士蒋剑春[J]．湖北农业科学，2018，57(4)：146.

教学建议

本案例可作为《新时代中国特色社会主义理论与实践》(2021 年版)“第七章　新时代中国特色社会主义生态文明建设”的教学素材。

秦裕琨：燃烧的人生

秦裕琨，1933年5月出生于上海市，中国工程院院士，哈尔滨工业大学教授、博士生导师，热能工程、燃烧学专家。2000年，秦裕琨荣获国家技术发明二等奖，2001年当选中国工程院院士，2001年、2003年、2012年三次被评为黑龙江省优秀共产党员，2006年荣获“全国师德标兵”称号。

一、“只要国家需要，没说的”

秦裕琨是在战火纷飞中度过的童年，目睹过外国人在旧上海的耀武扬威，感受过旧中国受人欺辱的万般无奈，“从小心中就有个强国梦”。1950年，新中国成立后的首次高考，年仅17岁的秦裕琨凭着优异成绩收到包括清华大学在内的4所国内著名学府的录取通知。掂量再三，他最终选择了上海交通大学机械系。

1953年，我国第一个“五年计划”实施，由于专业技术人才紧缺，秦裕琨提前一年毕业了。当时，他的父母年事已高，哥哥姐姐都已响应国家号召到外地参加社会主义建设，他完全有理由留在上海。但秦裕琨觉得，“一五计划”的重点在东北，自己的所学要在东北施展。他毅然告别父母，负笈北上。来到哈尔滨后，秦裕琨被分配到哈尔滨工业大学做师资研究生，第一年先读预科，只学一门课程——俄语，因为当时援建的苏联专家没有翻译，学生要尽快突破语言关。预科结业后，秦裕琨原本要继续学机械设计，可学校决定抽调他跟随苏联专家去学新成立的锅炉专业。

当时秦裕琨并不知道锅炉专业是干什么的，他的理解是，既然学校设置了这个专业，就说明国家需要这方面的人才。尽管对新专业一无所知，但秦裕琨还是毫不犹豫地改了行。他说，“只要国家需要，没说的”。

1955年春，因学校急需教师人才，研究生在读的秦裕琨成为一名“小教师”，开始为本科生以及相关专业的研究生讲授“锅炉与锅炉房”课程。20世纪60年代初，国家强化教材正规化建设，这本名为《蒸汽锅炉的燃料、燃烧理论及设备》

的内部教材被选中，于1963年由中国工业出版社正式出版，由此成为我国高校锅炉专业的第一本国家统编教材。

二、“总跟在别人后面跑是不行的”

秦裕琨始终认为，光在校园里搞理论不行，科研成果必须经得起实践检验。在20世纪七八十年代，经秦裕琨“救治”的锅炉不计其数。在坚持科研与实践相结合的同时，秦裕琨的研究领域也随着科研的需要而不断转变。

1990年，学校进行教学体制改革，原有教研室被划分成若干课题组。因为有同事选择了与秦裕琨相近的研究方向，为了促进教研室业务领域的全面发展，他主动放弃自己熟悉的领域，开始转向煤粉燃烧研究。当时，随着水电、核能等清洁能源的快速发展，业内很多专家认为，在煤炭燃烧这样的传统领域很难再有大的技术创新。但秦裕琨坚持认为：“我们国家的能源供应以燃煤为主，不研究煤研究什么？我们既要关注国际趋势和学术热点，更要着重解决自己的问题。总跟在别人后面跑是不行的！”于是，秦裕琨将科研方向集中到更为尖端而迫切的领域——火电厂的煤粉燃烧技术。那时，许多专业技术人才纷纷被有经济效益的项目吸引，秦裕琨领衔的课题组刚组建时只有四个人，资金少得可怜。

从1991年开始，在没有经验、经费紧张、前途未知的情况下，秦裕琨带领课题组走进了空荡荡的实验室。经过艰苦攻关，1993年，煤粉燃烧技术在实验室获得成功。在短暂的兴奋之后，秦裕琨又将目光锁定到这项技术的实际应用上。由于新技术的功效尚未经过实践检验，发电企业都不愿冒险使用。虽然经过八方奔走均未成功，但秦裕琨并不气馁：“大厂子不愿意干，咱就找小厂子；新锅炉不让改，咱就改造旧锅炉。”功夫不负有心人。课题组最终在农垦红兴隆管理局找到一家电厂，在一台几乎报废的锅炉上做起了实验。结果喜人——新技术不但把“死马”医活了，而且热效率远远超过旧锅炉。此后，秦裕琨综合“风包粉”和“浓淡燃烧”理论，针对不同燃烧方式和煤种，发明了系列浓淡煤粉燃烧技术。很快，新技术应用的新增容量以几何级数增长，仅在新技术推广初期的2001年前后，秦裕琨团队每年为社会创造的直接经济效益就达1.3亿元以上。

2000年年末，“风包粉系列煤粉燃烧技术的推广与应用”项目获得黑龙江省科技进步奖一等奖。2001年2月，秦裕琨从时任国务院总理朱镕基手里接过2000年度国家技术发明奖二等奖证书。也正是这一年，秦裕琨当选为中国工程院院士。此后，秦裕琨探索的目光始终与时俱进。为了应对“雾霾”难题，在他的把关下，他所在的研究团队致力于研究低氮氧化物排放煤粉燃烧技术；由他力促上马的燃煤污染物减排国家工程实验室，于 2011 年 7 月挂牌成立；2015 年，由秦裕琨参与、其弟子李争起负责的“高性能中心给粉旋流煤粉燃烧技术”项目，荣获国家技术发明奖二等奖。

近年来，秦裕琨虽不在科研一线，但仍为实验室的建设四处奔走，为学生的研究出谋划策。“学就学好，干就干好；有所为，无所求。”这是秦裕琨始终坚守的人生格言。而透过他 60 余载的科研、教学之路不难看出，秦裕琨正如他所专注的“燃烧学”一样，一生都在不断燃烧自己，释放出蓬勃的能量。

资料来源

吉星，张蕊，任红禧．激情“燃烧”的人生——记中国工程院院士秦裕琨［J］. 党的生活(黑龙江)，2019，747(3)：38-40.

教学建议

本案例可作为《新时代中国特色社会主义理论与实践》(2021 年版)“第二章　新时代坚持和发展中国特色社会主义”的教学素材。

胡文祥：航天军事医学专家

胡文祥，1961年11月出生于湖北省咸宁市，首都师范大学特聘教授、博士生导师，北京市特聘教授，大校军衔。先后兼任国际纯粹与应用化学联合会会员、中国医药保健研究会副理事长、中国分析仪器学会副理事长、中国化学会常务理事、中国化学会公共安全化学专业委员会副主任、中国电子学会微波化学专业委员会副主任、中国化工学会微波能化工应用专业委员会副主任、全军药学专业委员会军事药学组成员等。2021年当选俄罗斯自然科学院外籍院士。

一、科研成果比肩诺奖的科学家

他18岁解决了一道世界科学难题，推导出宇宙中最多只有138个元素；他创立了知名的胡氏9大公式：胡氏约等式、胡氏不等式、胡氏方程式、胡氏自由能方程、胡氏近平衡态动力学方程、胡氏生物最长寿命公式、胡氏周期元素数量计算公式、胡氏心理力学第四定律公式及胡氏公式，后者被编入中国科学院院士赵玉芬教授等编著的清华大学研究生教科书《元素有机化学》中；他创建了“有机微波化学”和“比较化学”等一系列交叉边缘新学科；荣获国家和军队一系列成果奖励，所获国务院、中央军委和北京市政府奖励现价值数额已超过2个诺贝尔奖的奖金，在全军、全国凤毛麟角。

胡文祥航天科研团队的科研成果“褪黑素的合成及其在生物钟调控中的应用”荣获2018年度中国发明协会发明创业成果一等奖；另一科研成果“飞天系列健康保障品的研制及其应用研究”于2019年荣获中国产学研合作创新成果一等奖。2017年10月2日，诺贝尔生理学或医学奖颁给了3位美国科学家，他们是杰弗里·霍尔、迈克尔·罗斯巴殊和迈克尔·杨，表彰他们发现了控制睡眠的分子机制。这表明胡文祥率领的实验室研究成果接近诺贝尔奖水准，虽然没有如愿获得诺贝尔奖章，但是他为我国伟大的航天事业作出了突出贡献。

二、强将手下无弱兵

军事医学研究所是一个不足百人的小所。除了担任航天试验的保障任务，还要进行繁重的科研工作，同时还承办了各种培训班和学术会议。与此同时，每年还要选送科技人员外出进修、参加各种学术交流会议。胡文祥说，这样的活动看似需要人力物力的支持，不一定立即产生效果，可这正是提高人才素质的必经之路。

军事医学研究所大力支持科研人员深造。先后送出 8 人攻读研究生学位、50 多人次参加短期培训或出国进修，不断邀请国内外专家学者来所讲学，所里每周晚上还要招集年轻科技人员进行一次学术交流。智者与智者的交流、思维火花的碰撞，激发起人们对创造性思维的极大热情。涓涓细流汇成滔滔不绝的江河，思维碰撞日渐显示出其强大的威力。军事医学研究所的年轻科技队伍成长的速度明显加快。胡文祥率领的这支科研队伍，爆发出整体创新的新势头。该所被批准独立负责两项全军“十五”重点项目，还应邀合作承担两项“十五”重点科研项目，实现了总装后勤系统参与全军重大科研项目“零”的突破；人均科研成果数量连续 3 年名列全军各大研究所前茅，约占总装后勤系统科研成果的 1/2。科技成果再创历史新高，为总装后勤系统赢得了荣誉。后勤部史有来政委、苏明兴部长、李金兴副政委等欣喜地称赞道：“成绩显著，再接再厉”“可喜可贺，乘胜前进”。

三、装备部队，壮我军威

科研试验中时，常发生推进剂中毒的意外事件长期困扰卫勤保障工作。为此，胡文祥等一批军事化学、临床医学的专家和技术人员组成攻关小组，在研究氮氧化合物类火箭推进剂中毒毒性毒理基础上，考虑发射现场快速急救。历经两年的刻苦研究，成功研制了“火箭推进剂氮氧化物中毒单兵急救自救用复方气雾剂”。该气雾剂对氮氧化物导致的呼吸系统损伤有显著急救作用，能够明显降低中毒程度，阻止肺水肿发生发展，降低死亡率，且安全、速效、体积小，深受一线官兵的欢迎。

战时或重大突发事故、灾害抢救中，由于自然环境的限制，作战人员的饮用水保障难度较大。这不仅影响到作战人员的战斗力，甚至对其生命安全构成严重威胁。胡文祥和战友们经过长时间的研究，成功攻克了这一技术难关，掌握了应急食用水的生产技术。这种水是一种弱碱性离子水，综合了纯净水和碱性离子水的特征，具有运动速度快、渗透力强、生物利用度高的特点，能有效提高人类在恶劣环境下的生存能力，大大减轻了单兵作战的负荷。

长期以来，检查火箭推进剂跑冒滴漏的方法，除在加注管道入口处采用肥皂水泡检查外，无任何专用检查手段。研究所的老专家和青年科研骨干专门成立了科研小组，冒着中毒的危险深入现场。经过无数次实验，终于成功研制出定量检测反应灵敏度高、显色快、读数直观准确的推进剂快速定量检测管。该产品具有质量轻、易于掌握、携带方便、无电火花、保存寿命长的特点。被美国专家称为“神奇的检测管”，曾出口沙特。

到基地调研时，胡文祥发现工作环境使工作人员受微波辐射影响，回来后就带领战友们研制出了抗辐射产品；得知“远望号”航天测量船的船员出海饱经晕船的折磨后，及时主持研制了抗晕船药物。据不完全统计，在胡文祥的组织带领下，该所科研人员每年下部队累计达 700 余天。

如今的胡文祥教授仍不忘初心、牢记使命、奋力拼搏、开拓进取，践行着年少时确立的志向，孜孜不倦，在科技强军与科技兴国的道路上阔步前行！

资料来源

1. 胡院士办公室　北京神剑天军医学科学研究院：胡文祥院士简介［EB/OL］. 2022-08-18. https://mp. weixin. qq. com/s/-dk3dPUNxSfY-eJlBvHiEg.

2. 胡月 . 知名航天军事医学、有机药物化学与微波化学专家胡文祥：开创有机微波化学学科新领域　开拓航天军事医学发展新方位［J］. 中国高新科技，2021（21）：10-13.

3. 贾荣 . 宝剑锋从磨砺出［N］. 大众科技报，2002-12-24.

教学建议

本案例可作为《新时代中国特色社会主义理论与实践》（2021 年版）“第五章　新时代中国特色社会主义文化建设”的教学素材。

高伯龙："永不停转的陀螺"

高伯龙(1928—2017)，激光陀螺专家，中国工程院院士。原籍广西壮族自治区岑溪市，生于广西壮族自治区南宁市。1951年毕业于清华大学。从1975年起从事激光陀螺研制，率先对激光陀螺的基本理论进行深入、系统的研究。主持并研制成功有关激光陀螺原理样机、实验室样机，为当时国内领先；已研制出的新的激光器，使我国成为继美、德之后第三个掌握这种关键技术的国家。为解决激光陀螺研制中高精度光学检测问题，研制出一系列精密检测仪器。获国家科技进步奖二等奖以及省级一等奖4项。先后撰写、发表了30篇(部)论文和著作。获1996年全军首届专业技术重大贡献奖。

一、"真正的爱国应该是把自己的前途与国家的利益密切结合"

1951年，作为当时最优秀的毕业生之一，高伯龙从清华大学物理系毕业。他原想从事自己喜欢和擅长的理论物理研究工作，最终却被分配到中国科学院应用物理研究所。3年后，由于工作需要，高伯龙接受组织安排，被选调到哈军工任教。除教授普通物理外，他还讲授热力学、统计力学、电动力学、量子力学等课程，并为全校干部师生讲授过带有普及性质的原子武器大讲座。因工作出色，高伯龙很快脱颖而出，成为学院青年教师中的佼佼者，1956年即晋升为主任教员、讲师，1962年晋升为副教授。他于1960年主编的《大学物理学》教材得到学院的高度评价："教学效果好，在军事工程学院和哈尔滨工业大学都比较有声望。"原本可能这样按部就班走下去，然而国家使命却需要他冲锋陷阵、担负攻坚使命。

20世纪60年代初，美国发明的世界上第一台红宝石激光器和第一台氦氖红光激光器，引发了世界光学领域的一场革命。把激光应用于航空航天领域的设想，更引起了包括中国在内的世界各国科学家的关注，各国都开始了环形激光器的研制工作。1971年，在钱学森的建议下，国防科技大学成立激光研究实验室，并调入高伯龙从事相关研究。一边是前途未卜难以攻克的世界性难题；一边是在已经小有成就的基础上妥妥地实现当物理学家的梦想，为了国家需要，高伯龙义无反顾地选择了前者。从此，高伯龙将主要时间和精力投入激光陀螺研制工程，开启了艰难的探索之路。

后来，他曾感慨："搞激光，对希望从事理论物理研究的我个人来说，也许是个损失，更是我事业上一次艰难的选择。虽然这一选择异常艰难，但我最终还是迈出了具有决定性意义的一步。"因为，他深知："如果我们不干，就可能给国家留下空白，总不能把自己的命脉掌握在别人手上！"正是有着这样坚定的信念意志和崇高的使命担当，高伯龙带领团队攻克一道道技术难关，取得一个个辉煌成就。高伯龙在《自述》中曾回忆："总结前半生，认为自己爱国、正直、正派、俭朴，工作认真负责，拥护党和社会主义，为何却如此坎坷？只因为把理论物理的专业兴趣置于国家的需要之上……意识到真正的爱国应该是把自己的前途与国家的利益密切结合。"报效祖国、服务人民，正是高伯龙一生奋斗的初心。

二、"核心关键技术买不来"

激光陀螺又叫环形激光器，好比"眼睛"，不掌握这项高精尖武器，就没有精确制导，我军就不可能有现在这么多引以为自豪的战机导弹。"核心关键技术买不来！再难也要坚持下去，必须对国家有个交代。""外国有的、先进的，我们要跟踪，将来要有；但并不是说外国没有的我们不许有。"正是这种信念，数十年默默坚守，高伯龙院士和他的团队已成功研制出多种型号的激光陀螺，多项技术达到国际一流水平，创造了我国在该领域的多个第一：第一台高精度反射率透射率测试仪，第一个激光陀螺实验室样机、工程化样机，第一个实现激光陀螺产业化生产，第一家具有独立知识产权并能全闭环研制生产激光陀螺的单位……

科研成就之外，育人成就更是斐然。在国防科大，高伯龙院士以严谨严肃著称。学生撰写的论文，他往往仔细推敲，提思路、出观点、改论述，却从不在论文上署名。20 世纪 80 年代，他将一名博士生的研究方向确定为磁镜研制及相关技术研究。有人说，单单完成磁镜研制即可获得博士学位，可高院士并不同意。后来，这名博士生前后历时 7 年多，成功突破相关技术，才按导师要求完成博士学业，这名博士也成长为我国激光技术领域的知名专家。能不能解决实际问题，是高伯龙衡量评价他的博士生、硕士生学术水平的重要标准。德行千古，至真至纯。高伯龙院士的学者风范，堪为后世楷模。他绝不说空话、假话、套话，在各种学术会议上，他认为方案不行，就会斩钉截铁地讲出来。他去外地参加一个国际会议，会后发个唐三彩做纪念品，他退给组委会，认为不能把公家的钱变成自己的东西。

高伯龙院士就像一支红烛，燃烧了自己、照亮了别人，给世间留下了永恒的光和热；更像一方小小的激光陀螺，用最稳定的姿态，永不停转的韧劲，树立起一面奋斗者的精神旗帜，值得我们深情仰望、全心学习。

资料来源

1. 中国工程院：高伯龙院士百科[EB/OL]. https://www.cae.cn/cae/html/main/colys/96176521.html.

2. 刘骄，杨彦青."永不停转的陀螺"——学习高伯龙院士的奋斗精神[J]. 新湘评论，2018，243(15)：29-30.

教学建议

本案例可作为《新时代中国特色社会主义理论与实践》(2021 年版)"第三章 新时代中国特色社会主义经济建设"的教学素材。

闵恩泽：国之所需，吾之所向

闵恩泽(1924—2016)，四川成都人。石油化工催化剂专家，中国科学院院士、中国工程院院士、第三世界科学院院士、英国皇家化学会会士，2007年度国家最高科学技术奖获得者，感动中国2007年度人物之一，是中国炼油催化应用科学的奠基者、石油化工技术自主创新的先行者、绿色化学的开拓者，被誉为“中国催化剂之父”。

爱因斯坦曾经说过：兴趣是最好的老师。这句话已经被教育家、学者奉为圭臬。然而，在新中国成立之初，国家的需要却成为千百万中华儿女选择专业、职业甚至事业最重要的考量。他们并非没有个人兴趣，而是在国家、民族大义面前，他们毫不犹豫地选择了天平上较重的一端。闵恩泽就是他们中间最为杰出的代表之一。

一、战乱年代：艰难求学，志在报国

1924年的大年三十，四川成都飘起了多年不见的飞雪，为除夕之夜增添了些许祥和的气氛。更让成都红照壁街深宅中一户人家高兴的是，在接连有了三个女孩后，终于有一个男婴降生了。远在重庆工作的闵建侯早已为这名男婴拟好了名字：闵恩泽——承天地之恩，泽苍生万民。

因父亲工作调动，闵恩泽错失了小学入学的时间，父亲便请来家教，上午习文，下午学理。在悠闲的时光中，闵恩泽完成了小学学业。然而到了1937年7月7日，卢沟桥事变发生后，抗日战争全面爆发。随着日军侵华的不断升级，重庆、成都等地遭到了日军战机的狂轰滥炸，“跑警报”成了那一时期闵恩泽印象最深的事情。学校也不得不迁到了郊外的战时临时校址。虽然身处漏风又漏雨的草房之中，心中已扎下爱国种子的闵恩泽却在这里如饥似渴地学习知识。

1942年，凭借优异的综合成绩，闵恩泽被保送进了当时陪都重庆的国立中央大学，怀着科学救国的理想，他学习更加勤奋刻苦。在大学里，他深受“诚、朴、雄、伟”学风的熏陶，立志为人类贡献聪明才智。这也是闵恩泽在大学里最大的收获，并影响了他的一生。也正是在这里，他结识了一生的伴侣——我国分析技术领域的学术带头人、中国科学院院士陆婉珍。

1945 年，闵恩泽获得了自费公派留学资格。在先期到达美国的陆婉珍的帮助下，1948 年，他登上了前往美国的“哥顿号”邮轮。

在闵恩泽和陆婉珍取得博士学位后，他们开始考虑回国的事宜。然而，新中国成立后，朝鲜战争爆发，美国国会通过法案：禁止中国学习理工农医的留学生离开美国国境。无奈之下，两人只得先找工作安顿下来，再做打算。

1955 年 10 月，闵恩泽夫妻历经辗转，绕道香港，回到了阔别 8 年的北京。

二、十年摸索：奠基炼油催化应用科学

1955 年，二人来到北京谋职，在大学师兄武宝琛的帮助下，闵恩泽夫妇进入原北京石油设计局工艺室研究组工作。闵恩泽被安排负责铂重整催化剂中型试验工作，从此，走上了催化剂研发之路。这一年，他刚过而立之年，也是他科技报国事业的起点。

接下这副重担时，闵恩泽深感惶恐。因为这与他之前所学的专业相差甚远；但同时，他又深感国家的信任，“没想到国家把研发铂重整催化剂的重任，交给刚刚回国的我。”他没有别的选择，只能全力以赴。

闵恩泽和一群科研人员从北京石油学院借来旧板房，当作研究的“大本营”，购置了陶瓷缸、板框压滤机，又借来球磨机、压片机，再加上两台大连石油研究所支援的铂重整催化剂评价装置，实验室初具雏形。他们凭着有限的资料和拼凑而来的设备反复地做实验，不断地摸索，逐步修改完善。

兰州炼油厂是苏联援建的 100 万吨/年炼厂，是当时最大的炼油厂。当时民用客机和军用运输机都需要兰州炼油厂生产的航空汽油。原石油工业部预判随着中苏关系恶化，苏联会停止供应生产航空汽油必需的小球硅铝裂化催化剂，于是决定建厂生产。

紧要关头，闵恩泽毅然接下了紧急开发小球硅铝催化剂的重任。他全身心投入，发明表面张力控制方法，设计控温控湿干燥箱，使催化剂完整率达到 92%，高于进口剂的 86%；其后，又参加催化剂工厂的设计和试运转，制订开工方案、操作规程，并解决了油柱成型柱冒泡、干燥带上湿胶球干燥不均匀、小球漏入焙烧炉进气管等难题。

闵恩泽又接连研制出了微球硅铝裂化催化剂，供大庆建设一套 250 万吨/年的炼油厂最核心的流态化催化裂化装置使用。还研制成功磷酸硅藻土叠合催化剂，发明了一种“混捏-浸渍”新制造方法。这种催化剂在 1962 年实现工业化生产，1964 年获得国家创造发明奖。

其实，研发铂重整催化剂、小球硅铝裂化催化剂、微球硅铝裂化催化剂、磷酸硅藻土叠合催化剂等任务，在时间上是交叉重叠的，常常是这项任务刚有眉目，另一项任务便接踵而至，闵恩泽的工作也经常是交叉进行。在任务面前，他总是不计个人得失，以国家大局利益为重，哪里需要他，他就出现在哪里。

到 1965 年，我国先后建成了锦州石油六厂的磷酸硅藻土叠合催化剂车间，抚顺石油三厂铂重整催化剂车间，兰州炼油厂中的小球硅铝裂化催化剂、微球硅铝裂化催化剂厂，我国的催化剂产业已初具规模。以闵恩泽为首的一批石油炼制催化剂科研人才成长了起来，设计、施工、生产、分析化验队伍也具有规模，为催化剂产业的发展奠定了坚实的基础。

三、调查为先：走上自主创新之路

20 世纪 80 年代初，我国石油炼制催化剂已赶上世界先进水平，并面临与国外催化剂在国内市场的竞争，因此迫切需要开展基础研究，走上自主创新之路。59 岁的闵恩泽高瞻远瞩，不辞劳苦，负责筹建基础研究部。

“迈开腿，走自己调查的路子”是闵恩泽做科研的习惯。为了筹建石油化工科学研究院基础研究部，他调查了埃克森石油公司、阿莫科石油公司、联合碳化物等国外石化巨头有关基础研究的情况。他认识到，石油化工科学研究院开展的基础研究应该是导向性基础研究。但是如何在具体科研中实践这些指导原则，仍是闵恩泽需要解决的问题。

1980 年，石油化工科学研究院邀请美国莫比尔研究和发展公司中心实验室主任 P. B. 万斯夫妇来访，目的是了解该中心实验室在莫比尔石油公司的科技创新中所发挥的作用。

万斯在石油化工科学研究院做了一场“沸石催化作用”的学术报告。万斯讲到，他们是把分子筛作为一种新催化材料来研究的，有了新分子筛的催化材料作基础，就能开发炼油催化和石油化工新催化剂和新工艺。

此前闵恩泽只有催化剂的概念，没有新催化材料的概念。他领悟后，形象地比喻说：“新催化材料好比做时装的布料，有了优秀特色的布料，时装设计师才能设计出丰富多彩的时装来。”万斯还强调，要用纯烃反应来评价新催化材料，以探索其应用领域，认为纯烃反应结果比物化表征数据更接近石油炼制和石油化工反应的实际。

与万斯交流后，闵恩泽就下决心组织开展了非晶态镍合金、钛硅分子筛、层柱分子筛、高稳定型 ZSM-5 分子筛、纳米 β-分子筛等新催化材料的研究。后来闵恩泽发现一种新催化材料出现后，要充分发挥它的作用，还需要开发新型反应器。于是，配合非晶态镍合金开发了磁稳定流化床反应器，配合钛硅分子筛原粉的利用，他开发了单釜微孔膜过程反应器；此外，还在不需制造、安装复杂催化剂捆包的催化蒸馏新工艺中，发明了具有特色的悬浮催化蒸馏新工艺。

在闵恩泽的领导下，我国有关新催化材料的研究走在了世界前列，多项研究成果均达到了世界先进水平或领先水平。其中，“非晶态合金催化剂和磁稳定床反应工艺的创新与集成”项目，获 2005 年度唯一的国家技术发明奖一等奖。2010 年 1 月，“环己酮氨肟化路线制己内酰胺生产工艺成套技术”获 2009 年度国家科学技术进步奖二等奖。除国家奖外，还有多项成果获中国石化集团奖。这充分说明闵恩泽在石化技术自主创新方面，在研发、产业化过程中已积累了宝贵的经验。

资料来源

1. 宋春悦．国之所需　吾之所向——记中国炼油催化应用科学的奠基者、绿色化学的开拓者闵恩泽[J]．中国科技奖励，2020，253(7)：35-37.

2. 易蓉蓉．闵恩泽：催化剂之恩　泽被苍生[J]．科学新闻，2012，452(6)：62-63.

教学建议

本案例可作为《新时代中国特色社会主义理论与实践》(2021 年版)“第五章　新时代中国特色社会主义文化建设”的教学素材。

优秀学子篇

阿丽米热：做可堪重任的新时代新青年

阿丽米热·努尔麦麦提，女，维吾尔族，中共党员，北京化工大学经济管理学院2019级财务管理专业本科生。现任经济管理学院团委学生副书记、财管1902团支部书记，曾任经济管理学院学生会主席团成员、北京化工大学第十八届学生委员会委员。曾作为2022年北京冬奥会和冬残奥会志愿者，被北京市委、市政府授予“北京2022年冬奥会、冬残奥会北京市先进个人”称号。曾获北京市优秀学生干部、全国高校大学生讲思政课公开课活动北京赛区特等奖、校级十佳团支书等荣誉称号。曾参与庆祝中国共产党成立100周年庆祝活动等志愿服务工作。

一、立劳动标杆，做志愿服务的实践者

矢志艰苦奋斗，实现高效运行。秉持着让青春在祖国和人民最需要的地方绽放绚丽之花的理念，阿丽米热热心于公益，积极投身志愿服务活动。

北京冬奥会、冬残奥会举办期间，她服务于国家高山滑雪中心，担任学校闭环外志愿者组长。为切实提高团队管理水平，协助主管制作了“一办法四制度”，对人员、物资等进行科学管理；编写精确至分钟级的每日运行时刻表，确保高效开展工作。不论大风还是暴雪，阿丽米热始终坚守岗位，做好赛事服务领域61名志愿者的“大管家”，为赛事服务工作提供保障。

阿丽米热的个人服务事迹被人民日报、新华网、中国网等报道20余次，服务镜头登上央视“焦点访谈”栏目。返回学校后，她入选冬奥宣讲团，面向南京农业大学、浙江工业大学亚运会志愿者及学校各学院、各党团支部开展校内外宣讲20余场，覆盖3000余人次。

二、承奉献之志，做积极向上的引领者

作为经济管理学院学生会主席团成员、北京化工大学第十八届学委会委员、

财管1902团支部书记等，阿丽米热曾有幸作为正式代表参加北京市学联第十三次代表大会，发出北化声音。

作为团学干部，阿丽米热始终以高标准要求自己，充分发挥先锋模范作用，凝聚青年坚定信仰跟党走，做好学校和青年学生的纽带。

深化劳动教育，促进全面发展。她还积极参与天工润泽园、经管农场劳动教育基地的建设，带领团学骨干、学院青年、志愿者参与劳动，全年1300余人次投身劳动。在学校突发疫情期间，她作为楼层长，帮助学校开展信息统计等工作，充分发挥党员和学生骨干的先锋模范作用，带领广大同学坚定信心、同心战疫。

三、立正确价值，做民族团结的守护者

作为一名来自新疆的维吾尔族女孩，阿丽米热立志发挥党员的先锋模范作用，做民族团结的守护者，做民族团结精神的弘扬者。

着眼民族特色，弘扬中华民族文化。她以主要负责人身份，策划举办了"中华民族一家亲，同心共筑中国梦"北京化工大学第十二届民族文化节，其中包括"最美石榴籽"评选、民族团结主题教育展、民族歌舞风情展等环节，线上线下参与活动人数超过3000人次，被全国高校思政网、北京电视台等多家媒体专题报道。2022年10月1日，阿丽米热早早地赶到天安门广场排队参加国庆节升旗仪式，并作为学生代表接受了中央电视台《新闻联播》的采访，她在采访中深情地说："我深刻地体会到中华儿女一家亲，各民族要一如既往地像石榴籽一样紧紧抱在一起。我希望能做一朵维护民族团结的'石榴花'，毕业之后回到新疆，为家乡建设贡献青春力量。"

四、建美育之观，做全面发展的奋进者

入学至今，阿丽米热秉持着热爱与责任，坚守在每一份学生工作岗位上，在台前幕后发光发热，奉献自我。多次参与"五四"晚会、"一二·九"晚会和毕业晚会等大型活动演出，担任青春论坛、新年音乐会等活动主持人20余次，参演话剧《离开冬季》，代表北京化工大学参加第五届全国高校大学生讲思政课公开课活动，荣获北京赛区特等奖、全国三等奖。

她热爱生活，不断突破自我，尽自己所能做德、智、体、美、劳全面发展的新时代青年。阿丽米热表示，在最美好的大学生活里，她将竭力践行当代青年敢

为人先的责任担当，凝聚青年，服务青年。她将牢记习近平总书记的殷殷嘱托，做清澈、纯粹的青年奋斗者，做一身正气、可堪重任的时代新青年。未来她也将更加严格要求自己，在求真、求实、求学的道路上继续前行！

资料来源

1. 阿丽米热！真强!!!［EB/OL］. 2022-10-11. https://mp. weixin. qq. com/s/sX5u9rENLhbY81oBeRyo2Q.

2. 志愿者阿丽米热·努尔麦麦提：确保赛事服务无疏漏［EB/OL］. 2022-02-13. https://www. thepaper. cn/newsDetail_forward_16678978.

3. 00 后：我在冬奥现场［EB/OL］. 2022-02-07. http://news. china. com. cn/2022-02/07/content_78032946. html.

教学建议

本案例可作为《新时代中国特色社会主义理论与实践》(2021 年版)“第二章　新时代坚持和发展中国特色社会主义”的教学素材。

李凯：音律纸艺，守正创新

李凯，中共预备党员，北京化工大学信息科学与技术学院自动化 2020 级本科生，担任自控 2002 学习委员、北京化工大学民族管弦乐团打击声部长。曾获 2020—2021 学年国家奖学金、2021—2022 学年国家奖学金、人民奖学金一等奖、素质拓展奖学金、2021 年高教社杯全国大学生数学建模竞赛国家级一等奖、2022 年高教社杯全国大学生数学建模竞赛国家级二等奖、中国大学生计算机设计大赛国家级二等奖、第十三届全国大学生数学竞赛二等奖、中国高校大数据挑战赛二等奖、第十一届 APMCM 亚太地区大学生数学建模竞赛三等奖、MathorCup 高校数学建模挑战赛大数据竞赛三等奖、2021 年北京大学生音乐节器乐类普通乙组金奖、2021 年北京大学生音乐节器乐类普通甲组银奖、2022 年北京大学生音乐节器乐合奏最佳表演奖，北京化工大学炫动 LED 设计大赛一等奖、数学竞赛一等奖、程序设计竞赛三等奖、校"竞赛之星"、"军训标兵"、年度优秀生、院级三好学生、院级优秀团员等奖项。

靡不有初，鲜克有终。努力没有终点，坚持才会收获。求学路上追求卓越，未来将有无限可能。

一、学思并茂，厚积薄发

入学后，李凯同学怀揣着对北京化工大学的憧憬和向往，开启了崭新的奋斗旅程。作为自动化专业的学生，他十分看重本科课程的学习。刚入学时，知识难度的阶跃式上升让他一时难以适应，但不论课程难度多大，学习笔记永远是他的"定心丸"，这个高中时代整理笔记的习惯给他提供了很大的帮助。

课堂上，李凯经常坐在教室第一排，认真听课，坚持整理学习笔记，努力记录下每个知识点。在课余时间，他按时总结盘点，反复理解记忆，他说："学习需要做到知其然且知其所以然，把知识内化于心，方可学以致用。"

同时，他不断优化学习习惯，适时调整心理状态与学习节奏，逐渐找到了适合自己的学习方法，他总结为八个字，那就是："稳中求进、积极进取。"功夫不负有心人，经过两年多的不懈努力，他的学业水平逐渐提高，平均学分绩点从大一时的3.95一路上升至当前的4.09。

他认为，获得高绩点不是大学学习的全部。他希望可以打破认知局限，在追求知识深度的同时拓宽视野。在他看来，数学是理工科的基础，学习数学能更好地理解和探索其他专业领域的奥妙。在大一、大二学年，他利用课余时间阅读工程数学有关书籍，旁听数学专业课程，努力将数学与自动化专业的学习相互结合，逐渐拓宽思维，发掘知识之间的紧密关联。

常与老师积极交流，和同学热烈讨论，为求甚解而专注地学习，为获得真理而纯粹地学习……他的大学生活忙碌又充实。求学路上，虽仍有困惑之时，却再无负重之感，这样的学习态度使他的成绩与日俱进。

二、锲而不舍，勇攀高峰

学习之余，李凯还灵活地规划自己的课余时间，积极参与科技竞赛与科研活动，进一步拓宽自己的学术视野，提升自己的科研能力与综合素质。

谈及众多科技竞赛的经历，他觉得数学建模创新团队对他的影响颇深。那期间，他紧跟着指导老师的进度，在大一暑假主动学习数学建模有关知识，收获颇丰、进步迅速，对数学建模的理解也逐步深入。历经日日夜夜的建模与求解，他逐渐积累了丰富的经验，并与队员们建立了深厚的友谊，"我们是一个默契的竞赛小队，这些宝贵的经历使我们不断实现新的突破"。

他敢于挑战，在参加全国大学生数学建模竞赛时，连续两年担任队长，带着队员们一起迎接挑战，破解难题，最终带着小队荣获佳绩。此外，他广泛参与各类学科竞赛活动，以优秀的竞赛成果荣获北京化工大学"竞赛之星"荣誉称号。

在科学研究的道路上，控制理论与智能科学深深吸引着他。不论是初窥门径的"萌芽杯"，还是颇具挑战的"大创"项目，他都积极配合团队完成各项任务，不断积累科研基础能力，并逐步踏上科研之路。

他勤于实践，跟随学校科研团队开展科研活动。从研讨论证到计划书撰写、从开展实验到投稿论文，他经历过思绪枯竭时的困惑，也体验过项目完成时的喜悦。科研固然辛苦，他却乐在其中，在知识之海中碰撞出新的灵感，为漫漫科研道路点缀绚丽色彩。

三、音律纸艺，守正创新

李凯同学不仅在学业上有出色表现，在艺术领域也能够施展才华。他无比热爱中华优秀传统文化，对中国民族音乐有极大兴趣。

他擅长作曲编曲，曾创作学校毕业季单曲《我们》，为学长学姐难忘的毕业季添上曼妙优雅的音符；他自学民族音乐作曲，创作民族管弦乐组曲《国韵·笔墨》，用中国传统民族乐器赞颂祖国山河。

作为北化民乐团打击乐部长，他刻苦练习打击乐器演奏技巧，团结部员开展日常排练，积极参与新年音乐会、大学生艺术节等高质量文艺演出，助力学校高水平艺术团屡创佳绩。

除器乐演奏与音乐创作之外，中国传统剪纸也是他的一项技艺。他从小就不断学习剪纸技法，学会了制作精美的剪纸作品。“剪纸犹如生活，剪之过急只会损毁图案，唯有细心专注才能臻于完美”，他始终认为，艳丽的红宣纸上，一幅幅优雅的图案不仅可以装点他的生活，更可以使他心境放缓、归于平和。

在李凯看来，虽然自己未能走上专业艺术的道路，但他始终怀揣着对待艺术应有的追求真美、追求至善的心。同时，他将不断精进自己的技艺，争取创作出更多优秀的艺术作品，“对音乐如此，对剪纸亦然”。

他用自己的实践证明，对学术与艺术的追求可以共存一身、相互促进。对他而言，艺术创作不仅是一种技能，更是不可或缺的生活方式。在未来的道路上，李凯同学将不断努力，释放自己的创作灵感，为弘扬中华优秀传统文化贡献一份力量。

资料来源

1. 绩点 4.09、两获国奖的他，能作曲！懂民乐！还剪纸……[EB/OL]. 2023-03-13. https://mp. weixin. qq. com/s/_Akonu6bg5S73FT_ttf6SQ.

2. 李凯：靡不有初，鲜克有终[EB/OL]. 2021-12-11. https://mp. weixin. qq. com/s/8GYvR1CTrSeLrMMqolc87A.

教学建议

本案例可作为《新时代中国特色社会主义理论与实践》(2021 年版)“第五章 新时代中国特色社会主义文化建设”的教学素材。

刘志奇：唯有奋斗的青春最美

他是来自北京化工大学化学学院化学专业的刘志奇，目前推免至中国科学院大连化学物理研究所攻读硕士学位。大学四年的时光虽然短暂，但在此过程中母校北化给了他展示自己的舞台，让他在一次次尝试中不断地收获与成长。他说：是不怕失败且敢于尝试的勇气、为实现目标而执着的努力，以及追梦路上的坚持和奋斗，让我成为更好的自己。

一、一颗红心永向党

在大二，他光荣地加入了中国共产党成为一名中共预备党员，同时担任学院本科生第二党支部组织委员一职。他充分发挥自身优势，与支部内同志组织开展有关学术科研的红色引领行动达十余次，同学们在一系列经验分享活动中受益颇多。追随往届优秀学长学姐的足迹，他主动创建了个人微信公众号“LZQ 笔记”，从 2019 年年初至今共计推送个人笔记 60 余篇，公众号关注人数达 1000 余人，笔记总浏览量达 31000 余次。刘志奇通过实际行动帮助身边同学和学弟学妹们，累计志愿答疑 50 余小时，在自身进步的同时带动大家共同进步，促进北化优良学风的发展，践行共产党人为人民服务的初心。

大二暑假时，他积极主动报名参与“庆祝新中国成立 70 周年群众游行”活动。参与训练的三个月时间里，他不畏艰辛，多次作为中队骨干主动加练，最后圆满完成群众游行的任务，这段时间更是让他在汗水中锤炼锻造了一颗赤子之心。

二、长风破浪会有时

大一学年他与材料学院张孝阿老师课题组开展名为“多羟基含碳硼烷的设计合成及其在聚氨酯中的应用”的课题，在师兄的指导下他熟悉了产物合成、纯化分离及性能测试等一系列操作，自此科研的种子在他的心中生根发芽。

大二学年他与同学组队参加了大创竞赛，研究有关燃料电池的课题。他在小组中负责实验方案设计、课题实验实操等工作，对于电化学工作站等仪器的使用有了一定的认识，也掌握了水热法合成金属氢氧化物阵列等操作。由于电极成品的不当保存导致寒假期间科研努力的付诸东流也使得他逐渐认识到规范实验操作的重要性。但是他们很快便找出问题所在，调整状态，继续开展实验，最终该项目被评为校级大学生创新创业计划。

大二暑假他报名参与了“绿色合成化学”学科交叉班，主要涉及无机化学与材料化学的交叉领域。在课程的学习过程中，他了解到了多酸/纳米碳复合材料在电极、电催化和储能材料等前沿领域的应用，以及化学产品结构与性能之间的关系，同时认识到千万种化学品是如何在他们日常生产生活中发挥其性能的。

由于对化学材料交叉方向抱有浓厚兴趣，在大三期间，他负责了一项国家级大创项目。作为团队的负责人，他担任了项目申报、查阅文献、答辩、实验方案设计和电极制备的大部分工作，同时利用假期时间前往东校区进行科研训练，最终将该课题顺利结题。

三、绝知此事要躬行

从大一开始，他便担任班级生活委员一职，负责班级内日常物品购买及报销工作，班级日常班会、参观航空博物馆、蟒山踏青、元宵节煮汤圆、集体生日、对口班联谊等活动都有他忙碌的身影和默默的付出。同时他也辅助学习委员开展“集体自习”相关活动，每周借用教室进行授课学习；大学四年化学 1702 班整体成绩一直位居年级前列，大四学年有 3 位同学成功获得推免名额，班级整体就业率达到 96%。

为了开拓自身视野，他分别加入了学生会辩论队和学业发展辅导中心两个组织。在此过程中，他代表班级参与“理想风帆杯”辩论赛，并获得“全场最佳辩手”的荣誉；在学业部工作过程中，他参与编写资料 1 本，累计组织授课 7 场，积极与各班级学习委员开展交流座谈会，了解各班同学学习过程中存在的困难并积极安排相应科目的答疑活动。

北京化工大学 60 周年校庆之际，怀着一颗赤子之心，他参与了校庆合唱表演，暑假期间留校进行训练，在经历了央视老师一遍遍地指导和他们日复一日的训练后，他们呈现了完美的舞台效果。虽然最终因时长原因未能登台演出，但他们心中仍真诚地为母校取得今日的辉煌成就而充满喜悦。

在大二，他成功通过面试成了一名宿舍学长，面对着八位脸上仍带有稍许稚嫩的学弟，他不禁回想起自己初入大学校园时的场景。为了让学弟们更快更好地适应大学生活，在第一学期他坚持每周与他们开展一次谈心交流会。

为了更好地向大家宣传母校，他累计三次参与“我的北化我代言”系列活动，连续两年担任湖南省实践团团长一职，负责20余所重点高中的宣讲工作；从材料准备、教室借用再到后期活动的开展和材料整理，他都坚持做到亲力亲为。

实践是打开理论宝库的钥匙，作为一名学生党员，他深知要将所学理论知识融到工作中。他连续三次报名参与到勤工助学的工作岗位中，因为工作中的优异表现而获评“勤工助学岗位能手”荣誉称号。担任公寓协管员一职的时间虽然不长，但却使他受益良多；该工作需要对各个寝室的内务进行上门检查，还需要详细地向同学们解读评分政策的细节，渐渐地他习惯了与陌生人进行交流，这项工作进一步地提升了他的社交能力，也让他结识了许多来自不同学院的朋友，让他有更多的机会去学习他们身上的闪光点。为了更好地锻炼自己，刘志奇分别选择了场地协管员和办公室助理作为自己新的岗位，在这两个岗位中他锻炼收获更多的是保持自觉与自律的恒心以及提高自身对于问题处理的仔细程度。

积极投身社会志愿服务，培养自己的社会责任感，并做到积极承担是当代大学生们的一门必修课。汇爱康桥特殊学校，奉献满满爱心；南口镇养老院，传递习习暖意；校庆合唱节目，为甲子华诞献礼；校外大型志愿，锻炼应变能力；职业生涯体验节，明晰人生方向。每一次参与志愿活动所带来的正向反馈都让他真实地感受到自己存在的价值，这些宝贵的体验和经历悄无声息地帮助他树立了正确的人生观与价值观。

四、直挂云帆济沧海

经过四年的学习和生活，他深刻体会到“成功没有偶然，优秀也从来都是一种习惯”。

他目标在研究生阶段，从事电化学催化方向的研究。规划博士毕业后进行博士后研究，继续在大学从事科研相关工作。

在读研初期，他会偏向进一步提升自己的英语水平，尝试撰写一些英文文章，为科技论文撰写打下基础；认真学习专业知识，提升理论能力，并在课余阶段保证学业成绩情况下，提前进入实验室进行课题前期调研和开展实验；研究生阶段的中后期，准备将研究的课题做进一步深入的探讨，同时积极参与学术论坛或会议，拓宽思维。

在以后的学习生活中，他将会继续带着北化给予他的温暖和鼓励，带着北化人一脉传承的宏德博学，于全新的征途上继续绽放奋斗的青春！

资料来源

唯有奋斗的青春最美——化学学院勤工助学岗位优秀学生事迹[EB/OL]. 2020-11-30. https://chemistry.buct.edu.cn/2020/1126/c1655a140218/pagem.htm.

教学建议

本案例可作为《新时代中国特色社会主义理论与实践》(2021年版)“第二章　新时代坚持和发展中国特色社会主义”的教学素材。

孙法明：追求卓越，永不止步

大学四年匆匆而逝，孙法明回想着往事：大一踏入校园东张西望的青涩模样仿佛还在昨天；照照镜子，惊呼自己的成长改变如此之大；抬抬眼睛，学士服好像明天就要穿上身，离开校园。在感谢学校和老师的细心培养之余，她不由得发出感叹，因此将四年生活予以记录。

一、高举思想大旗，坚定理想

大学伊始，孙法明便提交了入党申请书，成为一名入党积极分子，开始了党课学习；2017 年 11 月，她顺利地通过了党课考试，经过推优答辩，成为了一名发展对象；2018 年 11 月 24 日，她光荣成为一名预备党员。在预备期间，她认真学习，紧跟时政，为身边同学树立榜样。2019 年 11 月 30 日，她通过了党组织的考验，顺利通过了预备期，成为一名光荣的正式党员。

她深知入党不是目的，而是新的旅程起点。因此，她从未停下对时政学习的步伐。大一时，经过辅导员的推荐，她加入了双百工程，开始了第一次对时政和历史的系统学习。在那里，她结识了一群有着共同理想、目标的伙伴和老师，他们为社会主义的明天不断努力奋斗；大三时，孙法明经过自己的努力，通过笔试、面试和无领导小组讨论，加入了党引工程，真正将党员引领四个字落到实处。同时，她还积极参与了学校举办的各项读党史、学党章活动，并借助班级团支书的身份积极召开团日活动，读红色历史，紧跟时政，积极阅读学习新出版的刊物。

在党支部内部，她积极参与各项活动，配合各项工作，在支部共建活动中，踊跃贡献在学生组织中获得的经验，帮助其他同志组织活动。

二、坚持努力学习，探索科研

在大一的时候，她也跟很多同学一样，刚刚从高中的高压环境中解放出来，放飞自我随心所欲地玩耍。然而，大一的成绩狠狠地给她了一记棒喝，她意识到她要学会对自己负责。

于是，大二学年，她开始坚持上课坐前排，认真听讲，刻苦复习，对课后习题和购买的习题册反复练习，在做题中理解原理夯实基础。不仅自己的成绩有了显著提高，还带动身边的同学坚持上自习，成为同学们的小讲师。坚持“独优秀不如众优秀”的想法，她把“一起学习”的理念从大二带到了大三。和同学比赛上课认真听讲的程度、作业完成的速度和质量、考试成绩，等等，不仅她的成绩有了显著飞跃，身边同学的成绩也在铆足劲地向上升。在所有同学的共同努力下，应化 1703 平均成绩位列应化专业第一名，专业前十名中她们班占据了 5 名。

通过努力，孙法明的学习成绩从大一结束的学排 35，进步到了保研排名学排 7，综排 3。在这个过程中，她先后获得了仪器信息网小蜜蜂奖学金、闰土奖学金和多次人民奖学金。

作为应化专业的学生，理论应与实践并重。因此，将理论所学应用于科研工作是很重要的。从大二开始她便积极参加各种科研竞赛。大二时，以《二氧化铈催化 TMB 氧化过氧化氢》为主题参加萌芽杯，独立完成大部分实验和全部的论文撰写工作，获院级二等奖；大三时，担任项目负责人，以《铂基贵金属材料的制备和催化应用》为主题参加了大学生创新竞赛并顺利结题。除此之外，她还参加了北京化工大学创新实验竞赛，获得了校级二等奖。以上种种，均为她夯实了实验基础，增强了她的动手能力。

同时，她还积极发展自己的各项特长，先后以 583 分、532 分的成绩通过了英语四、六级考试，顺利通过计算机二级 Office 考试，普通话也拿到了二级甲等证书。

三、弘扬奉献精神，不计得失

除了在班级内和学院内积极发挥党员带头作用，在学习方面帮助大家熟悉知识点、整理学习资料、查漏补缺和开展团日活动、进行理论知识和时政学习外，她还积极投身于社会志愿服务，参与了多项大型志愿服务。

2018 年，她参加了北化 60 周年校庆志愿活动。她见到了很多老校友，听他们感叹变化之大。她参观了校史馆，细数 60 年风雨征程。她认识到，今天的北化，是无数老教师、老科研工作人坚持不懈、从无到有地创造出来的。这是真正的为了理想而奋斗，为了情怀而工作。

2019 年，她参加了国庆 70 周年群众游行活动，成为“开天辟地”方阵中的一员。经历了一整个暑假辛苦的训练，汗水流过了学校操场和长安街，肤色在逐渐变黑，但动作在日渐标准。她见过半夜 12 点的学校、零点的长安街和天安门、四点的良乡、五点的金盏和六点的南口阅兵村。在 2019 年 10 月 1 日受到的震撼，远比她以为的要大得多，她真正意识到了 70 年砥砺奋进的真正含义。同时，她获得了“北京化工大学国庆 70 周年群众游行和志愿服务工作先进个人”荣誉称号。

2020 年，无情的新冠疫情暴发，人民生活仿佛被按下了暂停键。2 月份，她的姐姐接到通知，奔赴武汉火神山医院进行援助。在担心之余，她深受震撼，因此报名参加了社区的疫情防控志愿活动，负责帮助社区工作人员张贴防疫启示、对公共环境进行消毒和对进入小区的居民进行体温检测等。以实际行动彰显了共产党员的先锋模范作用，为打赢疫情防控阻击战贡献力量。在志愿服务的活动中，她总服务时长达到了 45 小时，获得了“北京化工大学抗击新冠肺炎疫情优秀志愿者”荣誉称号。

她觉得，北化不仅教会了她知识，更让她的各方面能力有了显著的提升，为人处世更加知情识理。在她参加夏令营的过程中，外校老师也对北化的培养方针给予了高度的肯定，她为她是北化人而自豪。尽管将要离开北化继续深造，但她永远都不会忘记这四年的大学生活：多姿多彩又深有意义！

资料来源

孙法明：追求卓越，永不止步[EB/OL].2021-07-03. https://mp.weixin.qq.com/s/vbNJYZlCMekDQWtPsnpgnw.

教学建议

本案例可作为《新时代中国特色社会主义理论与实践》(2021 年版)“第二章　新时代坚持和发展中国特色社会主义”的教学素材。

柯剑聪：以梦为马，不负韶华

柯剑聪，北京化工大学信息科学与技术学院2020届毕业生，曾担任计科1602班班长。在校期间先后荣获军训标兵、优秀团员、人民奖学金三等奖、人民单项奖学金等荣誉。2020年，他成为西部计划西藏专项北京服务队队长，服务于共青团西藏自治区委权益志工部。2021年，他又通过西藏自治区事业编制考试，入职西藏日报社。

面对母校同学的采访，柯剑聪感慨道，时光飞逝，毕业距今已经快两年了，从刚出校园的懵懵懂懂，到经过西部计划的磨炼锻造，再到正式工作后的茁壮成长。正是北京化工大学的培养，使柯剑聪在人生的道路上越走越沉着，以“抓铁有痕，踏石留印”的工作作风继续前行。

一、志愿服务，在奉献中遇见自己

大学期间，他积极参加各类志愿服务活动：在庆祝新中国成立70周年庆祝活动中，在敬老院、爱心奉粥、农业嘉年华、马拉松赛事、校庆、迎新等场合都留下了自己的身影。大二期间，他曾和一群小伙伴一起成为“美丽中国”北京化工大学校园大使。

“美丽中国”是一个招募、选拔、输送有教育理想的优秀中国青年到教育资源匮乏地区，开展为期两年的支教活动。支教项目的愿景是：让所有中国孩子，无论出身，都能获得同等的优质教育。校园大使的活动搭建起了“美丽中国”与北京化工大学之间联系的桥梁。

他们与支教老师联系对接，开展志愿服务活动，使支教地学生与大学生之间互通信件，交流学习、生活、成长的点点滴滴，通过一对一的方式关注学生的学习情况。在“美丽中国”有这么一句话：“育人，遇自己。”志愿服务的过程，我们是在奉献，同时也是在遇见那个真实的自己。

2019年时值中华人民共和国成立70周年，那个盛夏，柯剑聪积极报名参加了庆祝大会的志愿者，经过学校的选拔，成为16万名志愿者中的一员。暑假经过两个月在校培训，在确定岗位的时候，他幸运地被分配到天安门广场。

9月份参加国庆全要素彩排，他就开始期待国庆当天。10月1日凌晨两点，志愿者们早早地在学校的广场集结，大家交流着昨晚的心情："激动得睡不着觉""翻来覆去没睡着""直接聊了一晚上就等着"……怀揣着无比激动的心情，他们登上了去往前门的大巴。

十年前蹲在电视前看直播，十年后蹲在现场旁看直播；引导结束后，柯剑聪也有幸进入观礼台观看部分流程，一架架战机凌空飞过，划下五彩的轨迹；一辆辆彩车缓缓驶过，群众欢快地呼喊。七万羽和平鸽齐飞，七万个气球升空，共同谱写庆典最后壮丽的乐章。

二、西部计划，在祖国最接近天空的地方触摸梦想

2020年疫情突如其来，他也迎来了大四第二学期。疫情之下涌现出一批批为了祖国和人民逆行出征的人，他被他们的言传身教所感动。站在人生的十字路口，考虑再三，他还是决定报名参加西部计划，"到西部去，到基层去，到祖国最需要的地方去"。

经过北京市项目办面试，他被推选为2020年西部计划西藏服务队队长。7月22日抵达拉萨，经过为期四天的线上培训与面试，他被分配至团西藏区委权益志工部，担任西藏专项项目专员，负责服务管理全区1700多名志愿者、组织志愿服务活动、留藏考试审核等工作。

志愿服务期间，有加班到凌晨审核留藏考试材料，也有耐心地为志愿者答疑解惑，当然还有无数令他感动的瞬间。在3·5学雷锋日，来到拉萨市特殊教育学校进行志愿服务活动，为了活跃气氛，组织小孩子们玩起了"击鼓传花"的游戏。当一位盲童用他那童真的声音唱起《听我说谢谢你》这首歌时，其他人也跟着唱起来，那纯真的声音使他的内心无比感动，或许在志愿者看来这只是一次简单的志愿服务，但于孩子们而言，这群热情阳光的大哥哥大姐姐们可能给他们毫无光亮的世界增添了一抹别样的色彩。

三、扎根西藏，探索人生的契机与转变

西部计划不是终点站，而是一个中途站。希望参与西部计划的同学们能以此为契机，寻求到人生不一样的转变与精彩。一年多的志愿服务，使柯剑聪决定扎

根边疆，为雪域高原这片热土奉献自己的青春力量。

2021年11月，他通过西藏自治区事业编制考试，考录至西藏日报社，然后分配至印刷厂照排科，从事报纸排版制版工作，从报媒行业基层一线做起。在新的岗位上，他积极调整自己的心态，努力学习岗位所需技能，通过不断练习熟练掌握相关技巧。

万丈高楼平地起，一砖一瓦皆根基。柯剑聪继续秉承“奉献、友爱、互助、进步”的志愿者精神，弘扬“老西藏”精神，立足岗位，贡献自己的点滴力量。

毕业之后，工作固然重要，生活也一样。西藏之所以神秘，在于其海拔高，千山之巅、万水之源——世界屋脊。“缺氧不缺精神，艰苦不怕吃苦，海拔高境界更高”大大的标语牌屹立在道路边，柯剑聪一直以此为信条和目标。进藏快两年，没有被高原缺氧吓倒，经过一个月的适应，他就开始了锻炼计划，坚持每周至少跑5公里，从未间断。

经过长期的锻炼，他逐渐从一开始的边跑边大口喘气，到适应高原跑步呼吸节奏，也没有了刚开始的那种心肺炸裂感。从最初5公里就已经很疲惫，到10公里、15公里、半马、全马，虽然依旧很累，但是可以坚持，从量的突破到质的飞越，这就是他近两年来坚持收获的果实。

之所以决定留在西藏，工作之余，还是这片神秘的净土吸引着他。锻炼是为了保持身体健康、提高耐力，同时也是为了更好地走进山野。每个人都有自己的人生选择，选择留在高原在很多人看来并不是好的选项，但柯剑聪觉得在勤勤恳恳工作之余，还能去看看西藏的神山圣湖，感受一下藏文化的魅力，这是足以支撑他走下去的不竭动力。

“希望学弟学妹们能够想清楚自己的人生规划，目标明确也好，试错探索也好，这些随着时间的流逝会想明白的，最主要的就是，保持一颗积极乐观的心去拥抱错综复杂的生活。”柯剑聪如是说。

习近平总书记在庆祝中国共产主义青年团成立100周年大会上指出：“实现中国梦是一场历史接力赛，当代青年要在实现民族复兴的赛道上奋勇争先。”让我们以梦为马、不负韶华，用奋斗精神铸就青春的底色，成长为对人民有热度、对工作有态度、对生活有温度的新时代青年。

资料来源

1. 柯剑聪：从1/160000到1/50000，再到……[EB/OL]. 2022-06-11.

https://mp. weixin. qq. com/s/Rh5qlhh1aTVy_a9nnl09_g.

2. 就业模范——柯剑聪[EB/OL]. 2020-08-06. https://mp. weixin. qq. com/s/DSW3_VLNGmftYlolrr92IA.

教学建议

本案例可作为《新时代中国特色社会主义理论与实践》(2021 年版)“第六章 新时代中国特色社会主义社会建设”的教学素材。

李子睿：靡不有初，鲜克有终

李子睿，2000 年 4 月出生，中共党员，北京化工大学化学学院化学专业 2018 级学生。曾获得 2020—2021 学年国家奖学金、人民奖学金一等奖、伊比西奖学金、李文杨燕奖学金、优秀生奖学金、北京市大学生化学实验竞赛一等奖等；拥有校级优秀生、校级三好学生、校级优秀团干部、校级优秀团员等荣誉称号。

“靡不有初，鲜克有终”，这句《诗经 · 大雅》里的雅韵正声，在李子睿看来是文化穿越三千年历史烟尘的庄严提醒，提醒他在大学时光里一以贯之，不忘初心。

一、大海航行靠舵手，万物生长靠太阳

“没有共产党就没有新中国……”，听着红色歌曲，从小受到红色教育的李子睿，对党的向往始终扎根于内心。大一伊始，李子睿便向党组织提交了入党申请书，积极参加党课及相关理论学习，同时自主通过学习强国关注时事。在 2019 年暑假，他参加了国庆 70 周年群众活动，并成功参演。“不积跬步，无以至千里；不积小流，无以成江海”。训练过程的辛苦无法否认，每天过着“军训”般的生活，但李子睿一想到是为祖国献礼，他的劲头便更足了！“看过荧幕上的筚路蓝缕，也听过乐曲里的歌功颂德，更感受过书本中的激扬文字，但是爱国之感从未像那一天如此强烈”，李子睿感慨万分。

经过一年的考察期，李子睿于 2020 年 12 月成功转为正式党员。他深知：成为一名光荣的共产党员不是终点，而是一个全新的开始。在此之后，他积极参加思政学习并组织相关理论学习，不断提高思想政治素养进而武装自己。同时积极参加党支部共建、“我为师生办实事”等活动，用自己的一份力量服务群众，锻炼实践能力，增强服务意识。

二、宝剑锋从磨砺出，梅花香自苦寒来

“青年强则国强，青年进步则国进步”。李子睿认为，学业是大学生的主阵地。入学以来他始终以学业为重，成绩稳步提升，从大一学年总绩点 3.74 到大二学年的 3.86 再到大三的 3.96，毫不松懈。大学三年来专业课优秀率接近 100%，专业排名和综合排名均位列第一。

除了认真学习课堂知识外，李子睿还积极参加相关科研训练与学科竞赛。科研探索的不断深入，让他体验到科研过程的辛酸苦楚以及成果收获的愉悦感动。大二时，在王芳辉老师的指导下完成了《新型铂基合金负载与改性碳纳米管催化剂的制备与研究》的科研课题，获评国家级优秀项目。在课题进行的同时，他与小组成员合作完成了一篇综述——《非共价改性碳纳米管在 ORR 中的应用进展》，并在中文核心期刊《现代化工》上发表。大三时，他作为负责人成功申报了《单原子合金的制备及其催化糠醛选择性加氢反应研究》的课题。在卫敏老师指导下顺利结题。长期的科研训练，既加深了他对自己专业知识的理解，也让他学会了如何在实践当中运用自己的专业知识解决遇到的问题，同时还有敢于迎接挑战的创新精神和坚持不懈的务实态度，成为他成长过程中的宝贵经验和财富。

三、纸上谈来终觉浅，绝知此事要躬行

“义务奉献酿情波，城乡处处星闪烁”，李子睿多边发展，积极融入班级、学校以及社会，树立无私奉献的青春榜样。

在班级中，他担任学习委员，积极带动班内学习氛围，采取各种方法帮助同学提升，使所在的班级总体成绩在年级名列前茅。

在学院中，他在化学学院学业发展辅导中心连续任职三年，从干事到部长再到中心负责人，同时作为学辅讲师共授课六次，为学辅志愿者答疑 30 余次，积极帮助同学解决学业问题，致力于学院学风建设。

在社会中，他热心志愿服务，无偿献血、荷塘志愿、毕业晚会、敬老院内，以及第十九届北京分析测试学术报告会都能见到他的身影，累计志愿服务超过 100 小时。新冠疫情暴发伊始，作为预备党员的他在向社区递交了申请书后，在小区门口志愿担当起体温检测与非小区人员劝返工作。“体温检测虽然是个相对简单的工作，但是接触人员多、感染风险大，丝毫马虎不得。”李子睿既需要完成常规任务，也需要应对突发工作。曾有居民认为所在城市确诊人数少，这么严格

没有必要，因此抗拒登记检测。这时候李子睿耐心地做居民的思想工作，细致地说明劝返原因，最终劝说好对方。此外，他还作为替补人员参与了十几户居民的体温监测排查工作。“虽然所在的城市感染风险小，我的工作量也不大，但是我认为正是千千万万年轻人站了出来，为疫情防控工作注入强大的力量，使疫情的发展切实得到控制。”采访中李子睿如是说道。

本科的学习生活已经进入倒计时，李子睿的大学时光里，始终以“靡不有初，鲜克有终”作为自己的座右铭。从大一到大三，从适应大学生活到积极志愿奉献，从注重基础知识学习到深入探索科研课题。一路走来，是自身的坚持、是师友的帮助、是家人的鼓励，让他从未放弃，奋勇前行。未来的日子里，他将继续仰望星空，脚踏实地；不忘初心、砥砺前行！

资料来源

靡不有初，鲜克有终——北京化工大学化学学院优秀学生李子睿事迹[EB/OL]. 2021-11-23. https://chemistry.buct.edu.cn/2021/1123/c8976a160915/pagem.htm.

教学建议

本案例可作为《新时代中国特色社会主义理论与实践》(2021 年版)“第二章 新时代坚持和发展中国特色社会主义”的教学素材。

史晓刚：科技报国，领军 AR 行业

史晓刚，1990 年 11 月出生，天津人，中共党员，北京理工大学集成电路与电子学院 2019 级博士研究生，教授级高级工程师，全国青联委员、北京市第十三次党代会代表、共青团北京市委员会委员、石景山团区委副书记(兼职)。

北京枭龙科技有限公司创始人、董事长、技术总负责人。曾入选国家“万人计划”、国家“创新人才推进计划”，曾获全国五一劳动奖章、中国青年创业奖、全国向上向善好青年、“北京榜样”年榜人物、首都精神文明建设奖、北京市优秀青年人才、北京市劳动模范、北京市科技新星、北京青年五四奖章、中关村“高聚工程”创业领军人才、石景山区“景贤人才”等荣誉。

2009 年，史晓刚考入北京理工大学电子科学与技术专业。在学校浓厚的学习和创新氛围下，刚入大学的他就开始利用学校的各种学习资源，提前自学嵌入式软硬件方面的知识。四年大学时光，他倾心投入科技创新项目，大二时就凭借自己主导研发的一架可以垂直起降的固定翼无人机，获得了第六届“挑战杯”首都大学生课外学术科技作品竞赛一等奖。毕业后，他开展了系列创新创业实践，于 2015 年创立枭龙科技有限公司。2019 年，他继续攻读博士学位。他组建了一支在 AR 领域攻坚克难的技术团队，突破多项核心技术，个人授权 AR 核心专利 52 项，其中授权发明专利 18 项。作为项目负责人，他主持国家重点研发计划 1 项，省部级重点研发专项 7 项；攻克了大视场角纳米光栅波导仿真设计、硅基纳米压印模板制备、纳米压印批量制备工艺等“卡脖子”关键技术，成功研发纳米光栅波导显示光学器件，视场角达 55°以上，在国内率先实现批量制备，打破国外技术垄断，为我国光学透视型近眼显示技术的应用发展奠定了基础。

一、在 AR 领域实现从 0 到 1 的突破

2020 年 1 月，国际消费电子展在美国拉斯维加斯开幕。展会上，一副由中国团队研制的仅重 30 克、佩戴感极佳的 AR 眼镜，一经展出便“燃爆”现场，得到

国内外同行的关注。这副眼镜由北京枭龙科技有限公司研发，其领头人名为史晓刚。回顾研发过程，“勇于创新”的精神在史晓刚身上体现得淋漓尽致。2015 年，史晓刚辞职创业，作为国内首批 AR 领域的创业者，他带领研发团队实现了从无到有、从 0 到 1 的突破，不到一年时间便完成了首款 AR 智能眼镜的研发和量产，并将之推向市场。史晓刚坦言，AR 眼镜技术涉及硬件、外观、光学、设计等几大技术领域，所有技术必须自主研发，经过没日没夜的技术研发，一款针对运动领域打造的 AR 智能眼镜终于问世。这款眼镜不仅能记录骑行时的各项数据和运动轨迹，还能随时拍摄沿途风景，并实现 3D 导航。2017 年，枭龙科技发布了“XLOONG X200”AR 眼镜；2020 年又推出“XLOONG X300”AR 智能眼镜，这款眼镜不仅质量轻，还能实现身份识别、车牌识别、执法记录、远程指挥调度等功能。在核心技术方面，依靠强大的技术研发能力，史晓刚带领团队攻克大视场角、小体积“光栅波导”显示器件研发和批量制备技术，枭龙科技已成为全球范围内极少数掌握衍射光栅波导核心原理和工艺的公司之一。

二、让 AR 技术融入日常生活

在 2020 年全国两会和北京市两会上，北京日报社的记者佩戴着史晓刚团队研发的 AR 眼镜进行了现场报道，图像视频实时传回，解放了记者的双手，让所见即所得的方式给受众带来了全新体验。如今，AR 眼镜已经广泛运用于记者日常的融媒体报道中。史晓刚和团队还在致力于让 AR 技术运用于安防、工业、医疗等更多领域。史晓刚介绍，在高铁站或机场等人流密集的地方，当民警戴上具备人脸识别功能的 AR 眼镜，只需要看一眼某个人，这个人的信息就能显示在民警眼前，这一功能还有助于在流动的人群中迅速锁定嫌疑人物。在远程协助方面，AR 技术也得到了很好的应用。当一些设备需要维修时，维修工人戴上 AR 眼镜，就可以把第一人称视角的视频直播给后台专家。如今，史晓刚与团队已成功研发出消费级运动 AR 眼镜、AR 工业眼镜、AR 安防眼镜等行业领先的重量级 AR 产品；拥有 140 余项 AR 技术核心专利、50 余项软件著作权；获批科技部“国家重点研发计划”专项。

三、作出更大贡献回报党和国家

2018 年，创业第三年，史晓刚成为一名光荣的共产党员。“我能取得现在的成绩和成果，离不开党和国家的支持，我希望能在科技创新方面作出更大的贡献。”史晓刚一直致力于帮助和支持更多青年人创新创业，“我希望能够激发他们的创造力和想象力，创造出更多的新技术和新产品。”他还经常利用业余时间去大学开设讲座，乐于与青年人分享自己的创业故事，为他们答疑解惑。史晓刚说：“希望用我的智慧去点亮更多人的智慧，与更多有志于科技创新的伙伴一起创造让更多人受益的中国技术，让中国的自主创新在更多领域引领世界，我愿意以此来回报党和国家。”

在新冠肺炎疫情防控关键时期，他积极开展科技抗疫工作，投入团队核心研发力量，将 AR 技术与红外测温技术融合，成功研发“穿戴式 AR 智能眼镜测温系统”，实现了移动巡逻和布控场景下的安全高效、无接触式体温检测。他还主动为定点扶贫县提供多套头戴式 AR 智能测温设备，多次为定点扶贫县捐赠扶持资金，为夺取疫情防控和脱贫攻坚的双胜利贡献一份科技力量。在 2021“支援协作工作社会帮扶资金”募捐活动中，他积极捐赠善款，并主动参与内蒙古宁城县精准扶贫工作，为定点扶贫县提供 AR 技术支持，捐赠 AR 智能眼镜，提高当地多领域科技应用水平。2022 年北京冬奥会期间，他带领枭龙科技积极参与服务保障工作，其研发的 AR 智能安保系统成功应用于冬奥会开、闭幕式，为“科技冬奥”贡献“枭龙力量”。同时，作为科技创新创业领域代表，史晓刚被遴选为“北京 2022 年冬奥会火炬手”，参与冬奥火炬接力，传播奥林匹克精神。

资料来源

1. 史晓刚：攻坚“卡脖子”技术，争当创新领跑者[EB/OL]. 2022-9-27. https://new.qq.com/rain/a/20220927A04XQI00.

2. 北京理工大学　史晓刚[EB/OL]. 2023-1-11. https://dxs.moe.gov.cn/zx/a/hd_hdgg_2022dxs_dxsndrwhxr/230111/1825698.shtml.

教学建议

本案例可作为《新时代中国特色社会主义理论与实践》(2021 年版)“第三章　新时代中国特色社会主义经济建设”的教学素材。

庄珍：研途弥坚，抗疫当先

庄珍，女，中共党员，广州医科大学2019级内学科博士研究生，学习成绩优异，品德修为端正，政治立场坚定，热爱科学研究，自觉积极地投身于抗击新冠肺炎疫情的重大斗争中。博士在读期间在国际顶尖杂志发表多篇论文，并获得国家级、省级、校级多项荣誉。

一、艰苦奋斗，夯实基础

庄珍于2016年加入钟南山院士领导的呼吸疾病国家重点实验室团队赵金存主任的课题组，主要从事呼吸道病毒感染致病机制研究，包括中东呼吸综合征冠状病毒(MERS-CoV)、流感病毒等。硕士期间，她脚踏实地、勤学苦干，得到导师和学校的认可，于2019年通过“3+3硕博连读”选拔，进入博士学习阶段并延续和深化课题研究。庄珍同学硕士期间，作为党员同志的她时刻保持艰苦奋斗、吃苦在前的精神，脚踏实地学本领、心无旁骛地搞科研，坚信“只要自身本事硬，总有可以施展的舞台”。2019年，她通过广州海关技术中心的培训，获得了生物安全三级实验室(P3)操作资质。随后在高质高效地完成学习任务的同时，她和团队成员一起在P3实验实开始MERS-CoV相关研究，力求在本职岗位上做出优异成绩。P3操作资质和经验为后续新冠防疫科研攻关相关实验的开展打通道路；累积的实验技能为新型冠状病毒的相关研究奠定了基础。

二、克己奉公，积极抗疫

2019年年底，湖北省武汉市出现类似于SARS的不明原因重症肺炎感染病例，由于长期从事病毒尤其是冠状病毒研究的课题组，赵金存团队很早就对此新发突发公共卫生事件密切关注。后续发布肺炎感染病原体是一种新型冠状病毒并能在人与人之间传播的消息，更是牵动他们的心。春节团聚是每个人心中所期，更是在千里之外求学的游子难得的返乡机会，但是此时疫情在武汉暴发式传播，并且蔓延至全国多个省市。庄珍同学深知自己是一名青年党员，自己的专业又与疫情防控和患者诊治密切相关，在党和人民需要的时候，应该挺身而出！她主动结束春节假期，第一时间回到岗位上，响应党中央和国务院的号召，坚定地利用科学技术手段进行疫情防控。新冠病毒研究需要在三级生物安全实验室里进行，她不顾危险，日夜奋战在抗疫科研攻关的第一线。她作为骨干参与到新型冠状病毒肺炎患者的临床样品处理和检测工作中，并且在广州海关 P3 实验室里有序地展开病毒分离、动物模型构建、机体免疫应答与调节、新型冠状病毒致病机制研究、抗新冠药物筛选、抗体筛选及疫苗研发与评价等多个方面的研究工作。白天打车到黄浦区 P3 实验室开展实验，晚上回到越秀区呼吸疾病国家重点实验室参与处理临床样品、整理当天的实验记录、分析实验数据、查阅文献、安排后续实验等等，每天都是紧张且忙碌的。庄珍同学说："2020 年春节后那段时间广州格外安静，以往去 P3 的路常常堵车，但那段时间一路通畅，路上很少看到有私家车在跑。每天出去做实验也并不觉得害怕，心里只念着要去 P3 完成那些实验，希望能得到好的结果。""每天过得都很充实，劳累和压力肯定是会有的，但更重要的是精神上的满足。"她在抗击新冠疫情工作中，埋头苦干、无私奉献的精神，充分展现了学生党员应有的精神面貌和工作作风。

三、开拓创新，胆大心细

苟利国家生死以，岂因祸福避趋之。新型冠状病毒属于高风险病原微生物，需要在三级生物安全实验室操作，因此实验人员必须具备 P3 实验操作资质、牢记生物安全知识并且具备意外安全事故处理能力。庄珍同学和团队成员们不惧怕、不退缩，积极参与到 P3 的实验中。进入 P3 实验室需要有序地穿戴 3 层防护衣、佩戴 KN95 口罩和呼吸机等，即便是在冬天实验过程中也是汗流浃背；每次实验结束走出核心区卸下呼吸机的那一瞬间，钻心的腰痛瞬间袭来；脸上有口罩留下的深深的勒痕，手上是汗水浸泡留下的褶皱。即便有种种不易，包括庄珍在内的赵金存教授团队的成员们依旧义无反顾投身于科研攻关工作中，致力于从"0"到"1"的创新研发中。自 2020 年 1 月初开展新型冠状病毒科研攻关以来，她和团队成员们先后完成了多项重要研究。

四、谦虚谨慎，未来可期

庄珍同学在读期间，表现突出，获得多项国家级、省级、校级荣誉；科研成果显著，先后在 CELL，LID，J Exp Med，ACS Nano，STTT，J Clin Invest 等杂志发表文章共计 17 篇，在申专利 3 项。其中以第一作者和共同第一作者发表高水平论文 7 篇，影响因子共计 122.4 分。急性重大呼吸系统传染病是人类历史上重大突发公共卫生事件的最主要原因，严重威胁人民生命健康、造成社会经济危机、危害国家安全，甚至改变世界政治格局。新冠肺炎疫情是百年来全球最严重的传染病，也是新中国成立以来遭遇的传播速度最快、感染范围最广、防控难度最大的重大突发公共卫生事件。为了攻克新冠疫情，我党和全国人民众志成城，医护人员与科研人员兢兢业业、无一懈怠。以庄珍同学为代表的学生党员们、青年研究学者们也在为科研攻关奉献着自己的一份力量。

资料来源

广州医科大学　庄珍——大学生年度人物候选人[EB/OL].2023-1-11. https://dxs.moe.gov.cn/zx/a/hd_hdgg_2022dxs_dxsndrwhxr/230111/1825804.shtml.

教学建议

本案例可作为《新时代中国特色社会主义理论与实践》(2021 年版)"第六章　新时代中国特色社会主义社会建设"的教学素材。

刘上："火箭少年"十年磨一"箭"

刘上，2001 年 3 月出生，湖南常德人，共青团员，南京航空航天大学航天学院航空航天工程专业本科生。

儿时的刘上最喜欢看科幻片，里面的未来科技，尤其是航天科技让他向往。早在初中时，刘上就已尝试发射自制火箭，并用自制无人机航拍。2019 年 10 月 19 日，大一的刘上发布了第一个视频《小型矢量喷管姿态自稳固体火箭》，展示了作为固体火箭雏形的模型火箭的制作过程。2020 年 8 月，一条由学生自制，完整展现了一枚火箭从自主设计，到流体仿真、制造、测试、控制，并最终成功发射和回收全过程的视频走红网络。这段视频的作者、火箭的设计者就是刘上。视频中所有步骤都由他自主完成。2021 年中国航天日期间，刘上的自制小火箭在主场活动"航天放飞中国梦科普巡展"中展出。2022 年 2 月下旬，刘上利用 3D 打印技术，自制第三代反推回收火箭模型，成功发射这枚自制火箭模型，并用视频记录下火箭模型制作和发射的全过程。

一、一条视频爆火的"刘上现象"

2020 年 8 月，一条学生自制固体火箭成功发射的视频在视频网站上爆火。视频中，一枚拥有透明箭体、外形炫酷的火箭矗立在一片空地上等待发射。倒计时开始，发动机点火，火箭拖着尾烟升空，成为点缀在晚霞与圆月构成背景板上的一处明丽的光亮。随后火箭下落，降落伞成功打开，火箭顺利着陆并被回收。不到一天的时间里，该视频播放量就达到 41.6 万，阅读量超过百万，有着超 6000 条弹幕留言，抖音中同时发布的视频，当天收获 800 余万播放量。视频的发布者就是刘上。自那之后，刘上多了一个标签"火箭少年"，并且成了人们关注的焦点，人民日报、央视新闻、新华社等多家主流媒体关注报道他的事迹，他成为勇于创新的青年典型 4 次登上央视。

二、十年坚守梦想的“双科达人”

视频爆火的背后是 10 年逐梦的故事，一次次的失败和一次次的从头再来，“坚守”成为他克服困难、实现梦想的法宝。伴随着一代火箭的成功发射，他很快开始思考如何回收火箭甚至实现制导。如今刘上的自制火箭不断优化，已至第四代，目前他正为自己研制的火箭能应用于军事科技而努力。随着 4 代火箭的更迭，刘上获得的关注度越来越高，他主动承担起航天科普员的角色，向社会普及航天知识、传扬航天精神，以线上线下相结合的方式吸引更多青少年练就过硬本领、投身强国伟业。线上，他用 174 部视频讲述自己如何坚守梦想的历程；线下，他定期参加学院航天科普团的宣讲活动，走进瑞金路小学等为青少年讲解天文、载人航天、运载火箭等知识，再次完成从“科创达人”到引领梦想启航的“科普之星”的蜕变，引领更多人关注航天，逐梦星辰大海。2021 年 6 月，刘上参与录制共青团中央出品的高考志愿填报短片《成为》。高考志愿填报短片发布后，一位高三学生留言表示刘上是他的榜样，高考填报志愿一定会选择航天专业。这则留言让刘上意识到：他可以影响更多人。

三、立志献身国防的“火箭少年”

火箭的迭代让他意识到梦想不能止于兴趣，更应注重科研应用、服务国家发展。“人民科学家”叶培建院士曾到访刘上所在的实验室。刘上满怀激动地向心中的榜样讲述了自己成长为“火箭少年”的故事，并表达了未来想成为航天总师的远大志向。叶院士勉励刘上，要沉下心继续钻研，将来为中国航天事业作贡献。难得的“追星”经历让刘上认识到献身国防、航天报国任重道远，这使得他更加努力攻关火箭定点着陆技术的突破，为实现拓展军用物资运输途径提供技术支持，并与国防科技大学飞行动力学与控制教研室开展联合研究。在十三届中国青少年科技创新奖中刘上以大学生组第一名脱颖而出；第十七届“挑战杯”全国大学生课外学术科技作品竞赛“黑科技”专项赛他带领团队勇夺“恒星级作品奖”。刘上顺利完成了从兴趣制作到科研应用的转变。未来，他将继续传扬航天精神，在投身服务航天强国的征途上笃行不怠、勇往直前。

资料来源

1. 南京航空航天大学　刘上——大学生年度人物候选人[EB/OL]. 2023-1-

11．https://dxs.moe.gov.cn/zx/a/hd_hdgg_2022dxs_dxsndrwhxr/230111/1825809.shtml.

2. 刘上（南京航空航天大学学生）[EB/OL]. https://baike.baidu.com/item/%E5%88%98%E4%B8%8A/53285103.

3. 全国学生科技创新最高奖！"火箭少年"刘上又双叒叕"火"了！[EB/OL]. 2022-8-26. http://news.cyol.com/gb/articles/2022-08/26/content_Kzn8EIB7K.html.

教学建议

本案例可作为《新时代中国特色社会主义理论与实践》（2021 年版）"第五章 新时代中国特色社会主义文化建设"的教学素材。

刘宇娟：铿锵玫瑰，矢志报国

刘宇娟，女，汉族，中共预备党员，福州大学化学学院2019级本科生。2018年应征入伍，服役于桂林特种作战学院，2019年转隶于驻香港部队，2020年退伍，是福州大学历史上首位特战女兵。

一、逐梦军旅，硕果累累

两年军旅时光里，刘宇娟严格要求自我，掌握特种射击、特种攀登、特种侦察等多项特战技能，取得了特种作战初级证书，被选拔为特种狙击手，参与2019年香港维稳行动，荣获"'四有'优秀士兵"称号。两年里，刘宇娟跟随集体辗转七八个地方执行各种特战任务，2019年刘宇娟随部队迅速集结参与香港维稳任务行动，战斗在祖国和人民需要的最前线。特战集训的日子里，不论数九寒天还是盛夏酷暑，刘宇娟每天都在"魔鬼训练"中度过，她的手上长满了茧子、血泡，身上到处是淤青、结痂、伤疤，复杂多样的狙击特训以及在酷热的香港每日汗透的训练服，都是对特战女兵"上九天揽月，下五洋捉鳖"能力的最好写照。两年时光里她结识了许多出生入死的战友，练就了一身报国的技能，磨砺出"政治坚定、艰苦奋斗、高度重使命、严格守纪律"的品性。两年的军旅生活，刘宇娟说她最光荣的是"曾为维护香港的和平稳定紧握钢枪、闻令而动，为国分忧"；最难忘的是"'临战'前含泪写下的家书"，最不舍的是"一身的迷彩绿和手中的钢枪"。

"膝盖这里是练'鸭子步'留下的老伤，天气一凉就会发作；嘴角这里是演习时被战友不小心用棍子敲破的，那时候流了一地的血……"刘宇娟向记者展示了两年特种兵生涯留下的"印记"。面带微笑的她仿佛在讲述他人的经历。而特战女兵的生活，并不像她的表情那样轻松。特战女兵的"特"体现在四个特别上——特别能吃苦、特别能战斗、特别讲政治、特别守纪律。"在部队里，对特战女兵的训练要求和男兵是一样的。"刘宇娟介绍，普通女兵的训练主要围绕对技巧的掌握，而特战女兵练的是人，除了技巧，对综合素质的锻炼更是重中之重。每天除了正常的休息，其余的时间都在室外的“魔鬼训练”中度过，不论数九寒天，还是盛夏酷暑，始终如一。“一口气爬几公里的草地，两天一夜几乎没有休息的徒步训练，连续好几个小时的俯卧撑……”这些对于她们早已司空见惯。正因为对综合素质的高要求，在部队里，就没有特战女兵完成不了的任务。这样高强度的训练，对于并非体育生出身的刘宇娟来说，是一个不小的挑战。刚入伍时学习“爬战术”，要做一个顺势卧倒的动作，并一口气在沙地里爬行 20 多米。不少体育生出身的战友几次训练就能够达标，而刘宇娟在第一次测试中就收获了一个“不及格”。为了缩小与战友们的差距，刘宇娟下定决心：“必须苦练！”当时的训练在桂林开展，南国潮湿的天气让沙地都成了泥地。连续几天，她都在重复练习这一个项目，一整天下来，刘宇娟仿佛成了个泥人，全身裹着厚厚的泥，而在泥下，是一片片的淤青。等不及养好伤，第二天，她带着淤青继续摔入泥坑。几天训练下来，直到泥地都快成了硬地。在自己的一次次奋不顾身和班长的耐心指导下，刘宇娟逐渐摸索到了动作要领。“测评优秀！”这是一份从摸爬滚打中收获的成绩单，也让刘宇娟更理解“特战”的含义。

刘宇娟在部队中迅速成长，因为出色的综合素质，得到了一次代表连队参加比武的机会。在考核核心力量的爬绳项目中，需要参赛者背着全套装备，仅仅依靠一根绳子，向 10 多米高的悬崖发起爬高挑战。1 米，2 米……悬崖边呼啸的寒风和笨重的装备迅速消耗着刘宇娟的体能。在距离终点还有 1 米多的位置，刘宇娟几乎耗尽了全部力气，不停抖动的双腿告诉她应该放弃，但为了不辜负团队的信任，刘宇娟下定决心冲了一把，却不慎从悬崖边跌落。幸好战友们的保护措施到位，刘宇娟没有受伤。回忆起这次惊险的遭遇，刘宇娟感到更多的是遗憾：“离终点就差最后的一米，自己没有做到最好，辜负了大家的信任。”

二、“战疫”发光，强国有我

脱下军装，回归校园的刘宇娟把部队的优良作风带回了校园，自觉参与校内外各项志愿服务、社会实践活动，作为“小茉莉”志愿者在数字中国峰会现场发光，获第四届数字中国峰会“优秀志愿者荣誉证书”。面对战疫大考，她践行“若有战，召必回”的使命，回到家乡的刘宇娟积极响应号召，向所在地村委会申请成为一名志愿者，成立“青年疫情防控突击队”兼任队长，带领返乡大学生志愿者冲在“战疫”最前线。村里的核酸检测都安排在了日出之前，刘宇娟常常要在凌晨两三点起床，一待就是一整天，大规模核酸筛查时间长、任务重，刘宇娟热情讲解、引导和服务的身影成为抗疫一线的一抹亮色，凭借突出的表现刘宇娟荣获“疫情防控优秀志愿者”称号。

在全校疫情防控最严峻的时候，她带领在校退役大学生组建福州大学退役士兵疫情防控突击队并担任队长，负责核酸检测秩序维护、隔离学生送餐等各项工作，为学校疫情防控工作贡献自己的力量，先后荣获校“疫情先进个人”、“福州大学先进个人”荣誉称号。

三、拼搏奉献，追梦青春

“我将无我，不负人民”是刘宇娟始终不变的信仰和初心。刘宇娟坚持退伍不褪色，现是福州市鼓楼区武装部预备役应急排的一名战士，在校期间积极组织运动会方队训练及学院征兵宣传工作，指导多名学弟学妹踏上从军路，获学院“优秀退役大学生”荣誉称号。作为一名中共党员，刘宇娟积极发挥先锋模范作用，她通过腾讯公益为白血病儿童患者、困境学生累计组织捐款 9 个多月，奉献自己力所能及的爱心与力量；作为校龙狮队女龙队队长，带领团队荣获“第 13 届中国大学生舞龙舞狮锦标赛甲组女子规定套路”第六名、“福州市首届舞龙舞狮锦标赛”第二名的好成绩。

作为一名研究型学科——化学专业的学生，刘宇娟立志成为一名祖国人民需要的科研人员，在大二就进入实验室打下科研基础，积极参与“稀土取代多酸的合成、结构及性质研究”的课题研究。她勤奋好学，扎扎实实打好基础，学业排名居专业前 10%，获国家励志奖学金 1 次、黄金陵奖学金 1 次、校综合奖学金 5 次，并取得华中科技大学学术夏令营“优秀营员证书”。

刘宇娟用平凡而又伟大的事迹，展现了一名退役大学生党员的奉献精神，激励着无数大学生不断发掘自身的生命价值，初心如磐，自当踵事增华；使命如山，更须踔厉奋发，在实现中国梦的伟大实践中创造自己的精彩人生！

资料来源

1. 福州大学　刘宇娟——大学生年度人物候选人[EB/OL]. 2023-1-11. https://dxs.moe.gov.cn/zx/a/hd_hdgg_2022dxs_dxsndrwhxr/230111/1825812.shtml.

2. 刘宇娟：圆梦军旅，扬帆校园［EB/OL］. 2020－11－06. https://news.fzu.edu.cn/info/1016/1235.htm.

教学建议

本案例可作为《新时代中国特色社会主义理论与实践》(2021 年版)“第八章　新时代坚持和发展中国特色社会主义的重要保障”的教学素材。

蓝际荣：助力绿水青山建设的标兵

蓝际荣，中共党员，畲族，武汉大学资源与环境学院2020级博士研究生，来自浙江省平阳县青街畲族乡朱山村，曾任武汉大学生态环境损害鉴定评估中心主任助理、中国青年志愿者协会注册志愿者、第二次全国污染源普查省级指导员。2020年11月以来，获中国大学生自强之星标兵(全国十人，团中央)、湖北省大学生自强之星标兵，并入围中国大学生年度人物(教育部)和浙江省平阳县十大杰出青年。

作为一名畲族大学生，他一直关注西部少数民族地区的建设发展，专心突破我国大宗固体废物资源化利用的“卡脖子”关键难题，最终开发了制备固体废物基绿色环境功能材料的技术，在广西、江西等地推动建立了固体废物基环境材料生产基地和治理工程，产生直接经济效益5000万元，为少数民族地区提供就业岗位3600余个，以实际行动为少数民族地区污染防治和脱贫攻坚贡献青春力量。

一、专心研究，用科技点亮少数民族区域的绿水青山

作为环境工程专业的博士生，为助力突破电解锰行业发展瓶颈，读研7年间，蓝际荣走出实验室，脚踩黄泥、身陷污泥，入户环保部门和企业调研取样100余次。最终，在导师侯浩波教授和团队支持下，以第一作者在SCI一区TOP期刊发表文章16篇，获授权发明专利5项，开发了制备固体废物基绿色环境功能材料的技术，实现了“固体废弃物”转化为高经济价值产品的路径。该成果获得湖北省科技进步奖特等奖，打破国外专利技术垄断，实现了专有设备国产替代。成果在云南、广西、湖北和江西等地区应用，建立了年产60万吨以上的固体废物基环境材料生产基地和2.5亿吨固废治理工程，为民族地区冲出“垃圾围城”，守护“绿水青山”提供了强有力的技术支持。

2015年，蓝际荣在本科暑期实践三下乡调研时发现了矿山有大量的电解锰渣固体废物。他知道，这种固体废物会严重影响生态环境，“我当时就想能不能

发挥自身特长解决难点问题”。正好当时导师科研团队获得了科技部的国家科技计划支持，而他作为核心成员参与该项目。在研究的过程中可谓是困难重重，技术操作上，由于蓝际荣本科和研究生专业不一致，导致很多实验操作技能和专业基础知识都需要学习。在工作时，他基本是实验室—食堂—宿舍“三点一线”，这种生活一直坚持了两年多。另外是身心上的疲惫，蓝际荣说，对于大多数人而言科研是枯燥的，特别是实验屡次失败的时候，有时候会让人产生放弃的念头。但他觉得每一步都是值得的，科研就是试错然后成功的过程。经过和团队一起克服种种困难，不懈研究，蓝际荣率先提出了利用新型微生物清洗的方法以达到电解锰废渣无害化及资源化处理的技术路径，突破了电解锰渣中盐分生物浸出的技术瓶颈。该成果为有效解决制约我国电解锰行业发展的关键环境问题，开辟了一条新路径。

二、勇于担当，用服务助力少数民族区域脱贫攻坚

作为少数民族大学生，他一直致力于服务少数民族地区发展。本科期间，他主动赴湖北恩施土家族聚居地支教，牵头在来凤县百福司镇高洞村建立“农村书屋”，定期开展读书活动，积极推进文化扶贫，惠及近千人次。进入研究生阶段，他以科技助力地方扶贫，与团队共同推动建立的固体废物基环境材料生产基地和治理工程，带动广西崇左、江西银山的壮族、畲族等少数民族地区就业 3650 人，近三年创造直接经济效益 5000 万元，助力民族地区污染防治和脱贫攻坚，带来了显著的经济与社会效益。2015 年暑期，蓝际荣作为队长带领队员参加“三下乡”社会实践活动，在湖北省恩施土家族苗族自治州走访农户，了解扶贫情况，并带去专业知识帮忙解决农业污染问题，同时受到了恩施州副州长的接见并一同前往农村调研。此后，被湖北团省委授予“先进个人”称号以及“优秀团队”称号。他在调研期间取得的成果获得了中国化学会以及中国环境科学学会的认可和表扬。2015 年大四开学伊始，他报名参加研究生支教团，投身为西部服务一年后返校攻读硕士研究生。

三、矢志奉献，用宣讲凝聚生态文明建设广泛合力

作为一名共产党党员，他始终以担当先锋模范要求自己。为更加全面深入地助力生态环保事业，他投入生态环保宣传，加入武汉大学博士生宣讲团，深入大中小学及调研企业开展宣讲。宣讲中，他围绕习近平生态文明思想，结合个人研

究经历和基层服务故事，生动讲述党的十八大以来我国在生态文明建设中取得的重要成就。2020 年以来，他累计开展宣讲 20 讲，直接覆盖师生群众 14000 余人，制作的宣讲微视频获得超过 17 万人关注，通过线上线下相结合的方式广泛宣传“绿水青山就是金山银山”的理念，凝聚更广泛的力量投入生态文明建设中。

资料来源

1. 第十一届中国大学生年度人物候选人——我院 2012 级本科生蓝际荣［EB/OL］. 2016-9-19. https://www.scuec.edu.cn/zhxy/info/1020/1694.htm.

2. 蓝际荣：用科技创新点亮绿水青山［EB/OL］. 2020-12-18. http://zqb.cyol.com/html/2020-12/18/nw.D110000zgqnb_20201218_10-04.htm.

3. 武汉大学　蓝际荣［EB/OL］. 2023-1-12. https://dxs.moe.gov.cn/zx/a/hd_hdgg_2022dxs_dxsndrwtmhxr/230112/1826116.shtml.

教学建议

本案例可作为《新时代中国特色社会主义理论与实践》(2021 年版)“第七章　新时代中国特色社会主义生态文明建设”的教学素材。

钟天使：逐梦“天使”的飞驰人生

钟天使，女，汉族，中共党员，上海体育学院竞技运动学院运动训练专业2019级硕士生，被誉为中国最有天赋的场地自行车运动员。长期的专业训练造就了她坚忍不拔的品格，坚持不懈的学习给予她专业课程的理论知识，知行合一，以体报国，她奋斗的青春岁月完美诠释了“身心一统、兼蓄竞攀”的校训精神。在逐梦的路上，实现了自己飞驰人生中的梦想：连续两届获得奥运会冠军，并实现中国在自行车项目上零的突破。

一、身心一统，做德技相长的体育工作者

对于一个优秀的竞技体育运动员来说，钟天使深知自己选择的运动训练专业课程有利于获得更多理论知识来支撑她的训练效率。因此，训练再辛苦，她也不轻易放松学业。为了心中的梦想，她在赛场上全力投入，先后获得世锦赛冠军、亚运会金牌，特别是2016年里约奥运会获得女子团体竞速赛金牌，实现了中国国家队在这个项目上奥运金牌零的突破。

2019年，钟天使顺利成为上海体育学院2019级硕士研究生。训练场上，挥洒汗水不断挑战自己的极限，优异的运动成绩得益于她对自己各方面严格的要求和不懈的坚持；训练场下，她对自己的学业有独到认识，对如何开展论文计划与团队进行深入的讨论分析，对毕业后的规划也有清晰的目标。

2020年10月，钟天使以在校生的身份在开学典礼上讲述了自己的人生故事，之后也以沙龙的形式与师生分享了运动人生。安静的性格和坚强的品质，成就了她在自行车领域的突飞猛进。她表示在未来将投身于自行车运动的推广事业中去，让更多的人能够接触和体验自行车这项运动。

二、兼蓄竞攀，做追逐梦想的竞技运动员

里约奥运会之后，既是前辈又是搭档的宫金杰淡出赛场，钟天使成为自行车

队的领军人。作为奥运冠军，她背负了许多期待和压力，偏偏在此时，她又接连在赛场遭遇低迷。2017 年全运会，无论是团体项目还是个人项目，结果都不甚理想。面对低谷，也许还是“不蹬就慢慢下来了”这份信念让钟天使保持着前进的车轮，用不停歇的脚步来应对失意。经历徘徊后，愈加坚毅果敢的钟天使再次王者归来。

东京奥运会场地自行车女子团体竞速赛决赛中，钟天使与搭档鲍珊菊，以 31 秒 895 的成绩获得冠军，成功卫冕！值得一提的是，资格赛中，两人还以 31 秒 804 的成绩打破世界纪录。钟天使创造了历史，成为中国独得 2 枚自行车金牌第一人。

她曾说道，是自行车这项运动让她变得更加自信，激励着她不断前行和进步。她在比赛中向世界展示了中国运动员顽强拼搏、奋勇向前的意志，展现出了中国当代青年的精气神。

三、通过各种体育赛事推动国际交往

体育既是国家强盛的应有之义，也是人民健康、幸福生活的重要组成部分。随着大家健康意识越来越强，健身运动已经深入到每个人的生活中。同时，随着国家综合国力的提升，体育融合各行业高精尖技术，这些科技正在助力竞技体育，对于钟天使在两届奥运会中夺冠都起到了至关重要的作用，也成为运动员提高成绩的重要支撑。钟天使曾说，在备战东京奥运会时，自己年龄已经 30 岁了，身体机能不像 4 年前备战里约奥运会时那样，自行车又属于体能项目，每天需要高强度训练，训练之后的伤病治疗、体能恢复对于运动员来说尤为重要。科技助力竞技体育后，运动员们不再依靠主观感觉来评测运动员的体能状态了，而是会采取生理生化指标的监测，通过科学的数据了解运动员的身体情况、疲劳状态，这些数据可以帮助运动员们不断调整训练量和训练强度，更有效地开展练习。

2019 年初，在上海市科委项目的大力支持下，上海体育科学研究所联合了东华大学、清华大学等单位，通过风洞试验和自行车动力学实验，对运动员参加奥运会的比赛服面料提出了改进的建议，也对比赛服减阻效果进行了分析，为运动员提供了非常有效的科技助力，包括比赛用车、车轮、头盔，都经过了风洞试验，从而挑选出最适合每个人、最能减少风阻的装备。2022 年冬奥会上各种“黑科技”的展示，也再一次向世界证明了我们国家的强大，借助科技创新的力量，运动员不仅能提高备战训练水平，更能在赛场上“如虎添翼”。

国家的科技力量强大了，中华体育精神、中华民族文化的传播也尤为重要。2021 年，钟天使和上海体育宣讲团志愿服务队一起进校园、进社区、进楼宇讲述奥运冠军、世界冠军的成长经历和奋斗历程，她和大家分享了遇到困难和伤病甚至想放弃的时候是如何克服并坚持下来，希望向孩子们、白领青年等各类人群传播中华体育精神、奥运精神。

因为训练的原因，钟天使经常会到国外去，她觉得这是一个非常好的机会，通过各类国际赛事，借鉴国际化的传播方式，来弘扬中华民族文化。在 2016 年里约奥运会上，钟天使和搭档的比赛头盔上喷绘了花木兰、穆桂英的京剧脸谱形象，受到中外观众和媒体的关注，当时在赛场就引起了一波小轰动，各国教练员、运动员跑来中国队区祝贺，还问起了运动员们的头盔，就这样，花木兰代父从军、杨门女将的巾帼英雄故事在赛场流传开来。

在 2020 年东京奥运会上，中国代表队采用了凤凰头盔的设计，希望通过凤凰涅槃、浴火重生这样的寓意，在全世界受到疫情影响的大环境下，给大家带来更多的希望和力量。

中华民族是拥有着五千年深厚历史底蕴的国家，有着很多精彩的历史人物故事，随着国家的强盛，国人的文化自信、民族自信日趋强大，通过参与各种体育赛事，能够向世界传播中国声音，加强国际之间的交往。

资料来源

1. 上海体育学院　钟天使[EB/OL]. 2023-1-11. https://dxs. moe. gov. cn/zx/a/hd_hdgg_2022dxs_dxsndrwhxr/230111/1825842. shtml.

2. 钟天使：国家的强大，让我有机会在奥运赛场看国旗升起[EB/OL]. 2022-10-20. https://www. thepaper. cn/newsDetail_forward_20378475.

教学建议

本案例可作为《新时代中国特色社会主义理论与实践》(2021 年版)“第九章　新时代中国特色大国外交与构建人类命运共同体”的教学素材。

燕明海：用实干诠释责任与奉献

燕明海，中共党员，北京化工大学经管学院 2018 级财务管理专业，曾获 2018—2019 学年国家励志奖学金，多次获得人民奖学金，曾获校级十佳团支书、校级优秀学生干部等多项奖项，积极参与各项志愿服务及支教活动，累计志愿时长已达 300 小时以上。2022 年，燕明海通过研究生支教团选拔成为西部服务计划中的一员，前往祖国西北开展支教，将知识的光辉播撒到祖国最需要的地方。

一、实践公益，充实自我

志愿时长超过 300 小时的燕明海，大学四年期间积极参与校内外各类志愿服务，有着丰富的志愿服务经历。2019 年暑假，他分别前往河北邢台、云南巍山支教，在党支部扶贫工作中坚持每天给留守儿童辅导功课。他曾负责对接内蒙古宝日花党支部留守儿童，帮助当地留守儿童解决心理、学业问题。在疫情期间，他积极参与乡村疫情防控工作。大一期间曾担任新华爱心基金会北京珍珠之家服务委员会总干事。

被问起热衷于志愿服务的原因，燕明海说："一路走来，我一直坚信一句话，就是一个人最大的成就与权力和金钱无关，而是身边的人都能对你说一句，有你真好。而在做志愿的过程当中，我感受到了周围人的鼓励、被帮助者的感激，这恰恰是我所追求的实现人生价值的一种途径，让我感受到了无比的快乐和有成就感。"燕明海通过实践公益，充实自我，实现了个人价值，而在帮助他人的同时，他也使自己有了更多的积累，使志愿服务的热情愈发高涨。

二、赠人玫瑰，手留余香

回忆起志愿工作的经历，一次前往敬老院的服务经历给燕明海留下了深刻的印象。"我们是志愿者，来看望他们的时候，老人居然哭了，这时候，我身后的一位同学也有些激动，拉着我走到了楼下，在电梯里，那位同学蹲在角落放声大哭，或许是想起了家里的老人，又或许是替老人的孤独感到难过。这件事情虽然已经过去很久了，但那个画面还一直深深刻在我的脑海里，我一直用这件事情告诫自己：世界上有那么多需要帮助的人，我们做的事情虽然微不足道，但却是十分有意义的，这也成了我以后投入更多志愿活动的动力。”

在志愿服务过程中，燕明海见证了许多真善美，他相信每个人心底都有一颗善良的种子，但这颗种子是需要精心栽培的，志愿服务就是一个栽培种子的容器，而且是双向奔赴的过程，服务者赠人玫瑰，手留余香，在被服务者受到帮助的同时，也将这份正能量传递了下去。燕明海说：“做了这么多志愿活动，我越来越发现了这个世界的美好，对待工作和生活也有了越来越多的热情。”

秉承着“做有意义的事，用自身力量奉献社会”的初衷，在工作的同时，燕明海的许多个人能力也得到了提升。他认为在这其中最重要的就是自己变得越来越善良了。正如燕明海所说：“善良是一个人最大的保护伞，它能够将一切污浊挡在外面。”

三、厚积薄发，回馈社会

燕明海通过研究生支教团选拔成为西部服务计划中的一员，前往祖国西北开展为期一年的支教，将知识的光辉播撒到祖国最需要的地方。谈起去支教的决定，燕明海认为这是他大学四年做得最正确的决定。之前支教工作的积累、老师的鼓励、身边学长学姐的榜样作用，都坚定了燕明海在支教的路上继续走下去的决心，他相信这段经历一定会在自己的人生经历当中留下浓墨重彩的一笔。“我想把外面的世界给孩子们描绘出来，我希望所有的孩子都能够开阔眼界，努力学习，改变自己的命运，如果我成功了，那将会是我大学期间做过的最有意义的事情。”

“做志愿不是阶段性的任务，而是可以陪伴我们一生的事情，我的目标就是：活到老，做到老。未来一年，西北支教将是我志愿工作的主阵地，在那里，我也会将志愿精神撒播给孩子们，让他们从小就产生奉献、服务的理念，支教回来以后，我也会继续投身到志愿服务工作当中，在服务中充实自我，在帮助别人的过程中看到自己的人生价值。”厚积薄发，回馈社会，燕明海一路走来，在志愿服务中充实自我，提升能力，更给自己大学的四年青春交上了一份满意的答卷。

四、真诚寄语，助力成长

燕明海一路走来，认为自己做过许多事情，曾经迷茫失落过，也走过不少弯路，总结起来，他有两点心得想和学弟学妹们分享：

一是不害怕改变，这是一个人走向成熟的标志。从事志愿服务活动也好，做其他的事情也罢，如果你有兴趣的话，就一定要大胆去做，不要瞻前顾后，畏首畏尾，只有做了，我们才可能看见更好的自己。

二是无论做任何事情，都不要轻言放弃，更不要遇到一点点困难就急于退缩。你要相信，所有的事与愿违，或许都是惊喜的铺垫；所有的坚持不懈，终将得到岁月的奖赏。如果你想从事志愿活动，或者是其他的事情，只要是对的，就一定要努力走到最后。那个时候你会发现，一路走来，你经历的所有磨难，都将成为人生最宝贵的财富。

愿我们都能如燕明海一样，以梦为马，不负韶华，以青春力量，奉献志愿服务，不忘初心，砥砺前行。

资料来源

1. 燕明海：奉献青春，砥砺前行[EB/OL]. 2021-12-29. https://mp.weixin.qq.com/s/y2FTfst-tTxw6sa3WuIAYQ.

2. 燕明海、吴茜：承担青年责任，勇毅奔赴未来[EB/OL]. 2022-06-27. https://www.toutiao.com/article/7113830978283635237/.

教学建议

本案例可作为《新时代中国特色社会主义理论与实践》(2021 年版)“第二章　新时代坚持和发展中国特色社会主义”的教学素材。

孙瑞一：不负韶华，我辈当自强

孙瑞一，1999 年 12 月出生，北京化工大学化学学院应用化学(优培计划)专业 2017 级学生，多次获得国家奖学金，曾获两届全国大学生英语竞赛一等奖、抗击新冠肺炎疫情校级先锋志愿者、优秀志愿者等荣誉。

“心中有梦、以梦为马，志存远方、不负韶华。”当孙瑞一再次站在国家奖学金答辩讲台上，以答辩成绩第一名的身份成为国家奖学金候选人时，他深知即将到来的国家奖学金是对自己大学生活脚踏实地、努力拼搏、全面发展的最好证明。

回首大学三年的点点滴滴，孙瑞一从刚进校园时对于未来怀着兴奋、憧憬和些许忐忑、不安，到逐渐掌握节奏，在学习、德育和科研等方面全面发展，他在大学里不仅仅收获了知识，政治上成熟成为一名中共预备党员，还实现了在清华大学继续深造的梦想。三年时光如白驹过隙，他用三个关键词总结了这段难忘、有意义的学业生涯——勤勉、奉献和选择。

一、学业上严于律己

在日常的学习当中，孙瑞一一直注重提高自己的学习能力，打下坚实的学科基础。课堂中常常可以看到他坐在教室前三排，聚精会神地听老师讲课。原来他在课前会把当日所学内容提前浏览一遍，将有疑问的地方圈画出来，这样在听讲时更有针对性，也不容易跑神。课后，他常常和同学、老师探讨问题，对所学知识加以巩固和理解。另外，只要是涉及课堂研讨 PPT 展示的内容，孙瑞一总会积极报名，自愿上台讲解。相比其他同学念 PPT 的现象，他敢于站在讲台中间，与同学们进行交流互动。正是他的勤奋和努力，他不仅仅在期中期末考试中取得优异的成绩，还将知识活用起来，激发了自己和同学们学习的热情和兴趣。

疫情期间，学校暂缓了开学的脚步，课程学习采用了线上教学的方式，很多学科竞赛延期进行，各类活动也都改为了在线上开展。在这特殊时期，很容易产生消极、迷茫的心态，然而孙瑞一没有懈怠，他利用好疫情居家的时间，积极学习，参加各类线上活动。

孙瑞一作为学习委员，对于线上学习的方式做到严格要求自己。他在每堂课程开课之前都会提前制作预习笔记，以便在直播授课的过程中抓住重难点，更有效率地听讲。

由于专业必修课程知识点丰富、内容繁杂，很多同学在完成布置的作业时常常会遇到不少问题。对于同学们在微信上提出的疑问，孙瑞一都逐一耐心进行解答；当文字解释不清楚时，他会用语音、图片等形式让有问题的同学更好地理解题目考察的本质。其实，同学们的很多问题都出在了基础点的错误理解上。

不论线上还是线下，通过认真的课前预习，孙瑞一往往能够在课程中高效地掌握知识点；通过解答同学们的问题，与他们讨论交流学习上的进展，孙瑞一巩固了自己的基础，对知识点也有了更深刻的理解。

二、实践中不忘初心

在课余时间，孙瑞一常常投入到社会实践中去，比如参观涪陵化工厂、重庆红色景区，加入垃圾分类志愿者的行列中……各个大型、小型的志愿活动中也总少不了他的身影。

尤其是在疫情期间，孙瑞一虽然学业繁忙，但仍主动向居委会请战，担任了社区疫情防控志愿者的工作。这期间他每天在社区进出门口值岗，检查居民外出是否佩戴口罩、出入证，测量进出社区居民的体温。在午饭饭点，大部分志愿者回去午餐时，他主动留下来帮社区里几户在家隔离的居民送餐。

在志愿工作中，他坚持每天按时到岗，认真履行职责。有时有的居民着急回家不配合测体温，有的居民出门忘记携带出入证件，遇到这种情形，孙瑞一都会耐心解释使居民表示理解，愿意配合志愿者的工作。

志愿工作虽然辛苦，但听到居民的“谢谢”“辛苦了，小伙子”，他觉得一切都值得，那一刻他的心是火热的。他说：“国家危难之时，正需要我们青年一代勇于站出来，担当使命，让青春在党和人民最需要的地方绽放绚丽之花！”

此外，孙瑞一还参加了学校和学院组织的各类线上活动，丰富了自己的居家生活。比如，他在《北化青年》团报上刊登了文章《抗“疫”阵前，我们身体力行》；在战“疫”心音活动中，用歌声传递祝福，参与到《破晓》歌曲的录制当中；众志成城战疫情，三行情书大赛中，他的投稿作品获得二等奖；战“疫”纪实活动中，他的疫情防控志愿事迹被学院官方公众号进行报道等。

由于在疫情中积极参加志愿活动，表现出色，他还被评为了抗击新冠肺炎疫情校级先锋志愿者、校级优秀志愿者，这更加激励他奉献的初衷——为人民服务。

三、为理想扬帆远航

奥斯特洛夫斯基的这句话说得好，“一个人的生命是应该这样度过的：当他回首往事的时候，不因虚度年华而悔恨，也不因碌碌无为而羞愧”。

人生中会有很多选择，在大学的这段时间，孙瑞一选择了自强。勤奋学习，他连续三年位列所在专业年级学术、综合第一名，并连续三年获得国家奖学金；思想端正，他积极向党组织靠拢，以更加严格的标准要求自己；热心助人，他将自己的生活学习经验分享给学弟学妹，成为北京化工大学第一届十佳朋辈讲师的获得者；积极参与科研竞赛，他连续两届取得全国大学生英语竞赛一等奖等竞赛奖项，在科技创新大赛中也获得佳绩；热忱投身社会实践，他加入到疫情防控、垃圾分类志愿服务等行列之中，用青春和热血铸造人生。

展望未来，孙瑞一选择了科研之路。他希望继续努力，投身于科研领域，力争做出优秀的成果，为国家科研事业贡献自己的一份力量。2020 年暑期，他获得了清华大学的直博资格，将在热爱的领域继续前行。

“向着自己的目标继续奋进吧。”他如是说。

资料来源

不负韶华，全面发展——北京化工大学化学学院优秀学生事迹[EB/OL]. 2020-11-26. https://chemistry. buct. edu. cn/2020/1121/c8976a139909/pagem. htm.

教学建议

本案例可作为《新时代中国特色社会主义理论与实践》(2021 年版)“第一章　中国特色社会主义进入新时代”的教学素材。

曹洋：十年磨砺终成器，巾帼折冠展旌旗

从2012年入校，到2013年入伍，到2018年支教，到2019年保研，再到2022年毕业，这是曹洋青春最美好的十年；这十年，她从一名本科生到共和国首批仪仗女兵，从内蒙古支教老师到研究生兼职辅导员，她把汗水抛洒在十里长街的阅兵道上，把真诚奉献在科左中旗的三尺讲台上，把热情倾注在每一名返校复学的退役老兵身上；这十年，从“曹班长”到“曹老师”，从提名中国大学生年度人物，到获评教育部“全国高校百名研究生党员标兵”，再到获评“北京化工大学校长奖”，曹洋以她的坚韧与执着，温暖与善良书写了十年磨砺终成器的“北化军旅成才故事”。

一、当兵：使命用信念托举，荣光以执着铸就

能成为共和国三军仪仗队首批女兵，是一个关于“幸运”与“奋斗”故事。本科二年级时，曹洋便携笔从戎，成为原中国人民解放军第二十七集团军防空旅的一名话务女兵。2014年，她凭借过硬的素质从300多名女兵当中脱颖而出，被选调到中国人民解放军陆海空三军仪仗队，成为共和国首批仪仗女兵。从那天起，她对“献身仪仗，为国争光”八个字有了自己的解读：使命用信念托举，荣光以执着铸就。从那天起，她付出了加倍的努力来训练，对自己始终保持高标准、严要求。她在给母校的汇报里写道：“有人说我是‘幸运’的，只有我自己知道这‘幸运’来得有多艰辛。”

在仪仗队服役期间，她先后完成包括上海亚信峰会、海南博鳌论坛、北京APEC会议等在内的重大活动仪仗司礼任务20余次。凭借过硬的政治素质和军事素质，她被选入纪念中国人民抗日战争暨世界反法西斯胜利70周年阅兵方阵。在连续3个月每天12小时的高强度训练中，她始终坚毅顽强、心怀祖国，不断磨砺自身。一次受阅，一生光荣，每个受阅战士身上都有一份沉甸甸的责任和永

不褪色的忠诚。当她光荣地走过天安门广场，接受党和人民的检阅，仿佛经历了一次灵魂的重铸和人生的洗礼。期间，她获得嘉奖一次，并被阅兵联合指挥部评为“阅兵训练标兵”。胜利归队的那天，她在日记中这样写道：“那一刻，我明白了——什么样的情感最深沉，什么样的青春最美丽……”

二、支教：一只飞回草原的“鸿雁”

“从草原来，又到草原去”，这是一个满含赤子之情的支教故事。2018 年，曹洋回到了家乡内蒙古，但这一次，是以“支教老师”的身份。她作为中国青年志愿者扶贫接力计划研究生支教团一员，赴学校定点扶贫单位科尔沁左翼中旗保康三中成为一名基层教师。每一名支教老师的经历都可以写一本充满深情的传记，而她却不同——她的传记写在操场上。作为一名体育老师，八年级 6 个班级，每周 26 个课时，虽辛苦却充实。而更值得记忆的是，她发挥自己所学社会体育专业和军旅经历的优势，做了两件值得一生回忆的事情：一是开设了中考体育提升班选修课，为学生们的中考助力；二是成为保康三中国旗护卫队的指导老师，让三军仪仗队首批女兵的荣光刻在这个草原角落的学校，刻在一群小小的国旗护卫队队员的心中。

在科左中旗的一年里，她常想：对于这个生于斯、长于斯的地方，在离开和归来的变换中，她要做些什么？能做些什么？她始终不忘“育人育心”的教育使命，教学兢兢业业；她始终不忘“扶贫扶志”的支教初心，和支教团成员自筹经费设立“鸿雁”助学金，资助品学兼优的家庭经济困难学生，为助力科左中旗脱贫攻坚贡献青年党员力量，支教团的事迹多次被中青网等媒体报道。正像她支教归来时说的，“到基层去、到祖国最需要的地方去，是一个怀有赤子之心的草原儿女最质朴的深情，更是一个党员内心的自我召唤”。

三、投身国防教育：续写铿锵故事的“女班长”

2019 年 7 月，曹洋支教结束回到母校，而此时，正值国庆 70 周年群众游行“开天辟地”方阵训练的关键期。“曹班长”再次挑起大梁，成为训练专班骨干成员，而且专门负责排头队员、彩车负责人和彩车展演人员的训练。在完成每天规定的训练任务后，她仍带领排头队员单独加训 2 个小时，两个月来无数个酷热难忍的日日夜夜，他们不断纠正，反复磨合，只为精益求精。国庆活动结束后，曹洋发挥身为共产党员的榜样引领作用，先后参加校内外宣讲近十场，作为“首都教育系统服务保障庆祝活动宣讲团”成员，赴天津面向400余名学子讲述她与排头兵的故事。她常说，自己就是一名普通的大学生党员，祖国需要她，她就会全力以赴。

在学校，曹洋还担任退役大学生士兵社团旌旗中队的指导老师，开展面向退役大学生士兵的日常管理与深度辅导工作。很多退役同学都会亲切称呼她为“曹班长”。她始终把服役同学和退役同学的事情当作自己的事情来对待，积极为大家解决各种问题，对学生说得最多的一句话就是“有事找我！”。作为学校里退役最早的“班长”，她总是像大姐姐一样关心着这帮“弟弟妹妹”，学校征兵宣传动员中也总是能见到她忙碌的身影。在大大小小的征兵宣传活动中，她已经为上百名学生提供报名指导和政策咨询，她用自身的经历感染更多的有志青年奔赴军营，报效祖国。在新冠疫情防控常态化情况下，她担任军训教官负责人带领70余名“学生教官”，克服困难，圆满完成学校2019级、2020级本科生军训任务。她所指导的退役大学生士兵社团“旌旗中队”在北京高校学生国防类社团交流活动中荣获退役士兵类一等奖，为学校国防教育事业写下精彩篇章。

近年来，包括中央电视台、《北京日报》等在内的多家媒体都对曹洋事迹进行了报道，国家和学校也给予了很多荣誉。然而，曹洋始终践行着共产党人的初心与使命，踏实、认真、不骄不躁，始终发扬着“作风优良、纪律严明、爱岗敬业”的军人品质，在每一个平凡的角色与岗位上，都散发着具有她自己独特魅力的光与热。

资料来源

1. 十年磨砺终成器　巾帼折冠展旌旗[EB/OL]. 2021-12-29. https://mp. weixin. qq. com/s/4-kVx5KhHLAey0CqNXeGRw.

2. “勋章”—北京化工大学退伍大学生曹洋的人物事迹[EB/OL]. 2016-05-23. https://news. buct. edu. cn/2016/0523/c2108a110535/page. htm.

3. 喜报！北化人再获殊荣！[EB/OL]. 2021-08-27. https://baijiahao.baidu. com/s? id=1709236951637232485&wfr=spider&for=pc.

教学建议

本案例可作为《新时代中国特色社会主义理论与实践》(2021年版)“第四章　新时代中国特色社会主义政治建设”的教学素材。

李安：初心莫忘，前路有光

李安，2001年4月生，中共预备党员，北京化工大学化学学院化学专业学生，2019年入学，曾获国家奖学金、伊比西奖学金、人民奖学金一等奖、素质拓展奖学金、全国大学生化学实验创新设计竞赛国家级一等奖、“外研社·国才杯”全国英语写作大赛校级初赛一等奖、中国国际“互联网+”大学生创新创业大赛主赛道校级二等奖、校优秀生、校三好学生、校优秀团员、北京化工大学抗击新冠肺炎疫情先锋志愿者等荣誉。

一、青年闻道

北京化工大学的校训是“宏德博学，化育天工”，李安一入学就被校训所吸引，同时在古训“终身之计，莫如树人”的激励下，他笃定化学作为今后努力拼搏的方向。校特聘教授、英国皇家化学会北京分会主席戴维教授曾对他说，“你会成为化学家，会让更多人看到化学。”这一句话一直鼓励着他，让他在面对艰难险阻时仍然勇往直前。

李安从未想过自己是否能成为一名合格的“化学家”，但他始终坚信，求学之路虽然艰辛，但持之以恒的努力，会让他快速成长，使他将来有能力用学识和激情报效祖国的培养，报答家人、老师和朋友们的帮助。

二、志之所趋

2022年9月底，他以排名第一的成绩获得了国家奖学金，他想起两年前第一次获得国家奖学金的那种激动，此时心中更多的是一份平和、踏实和安心。他履行了两年前的那份承诺，让国家奖学金成为他潜心奋斗的动力。一路艰辛与坎坷磨平了他的心境，大学三年化学专业综合排名第一，专业排名第一；大三学年全院综合排名第一，专业排名第一，三年来的成绩是对他最好的肯定。

时光荏苒，岁月如梭，转眼间北化的旅程也已接近尾声，他最终以优异的复试成绩获得了北京大学的直博资格，即将从北化走向北大，像他的榜样欧宇学长一样，收获到了最初的那份梦想。回顾这三年，他一腔热血奔向化学，化学也给了他独属的那份幸运，昌平西山口的怪风吹不散他对化学的热爱，更平添了一份对化学的执着。

三、春风化雨

大学三年，他始终以较高的标准要求自己，无论是学业成绩抑或是文体活动。在他的努力下，他的 GPA 一直稳定在 3.9 以上，大学三年的平均 GPA 达到了 3.98，数理基础课程及实验课程均在 90 分及以上，曾获国家奖学金、伊比西奖学金、人民奖学金一等奖、素质拓展奖学金等诸多荣誉。

他依旧记得自己初入实验室的模样，大二学年刚入化工资源有效利用国家重点实验室时，范国利老师和卢昌盛学长为他讲解实验室的诸多细节和实验的过程，虽然听的懵懂但却也饶有兴致。在化学实验竞赛中他遇到了王涛老师和庄俊鹏老师，那是他印象最深的一段时光。王涛老师将他带入了趣味有机的领域，庄俊鹏老师从头至尾不厌其烦地悉心指导，也总是憨笑着包容他的过失和“创意”。在两位老师和实验中心老师的带领下，他和马浩然、余浩然到南开大学参加竞赛，获得了华北区第一名的成绩，后又参加总决赛，获得了全国大学生化学实验竞赛国家级一等奖。那段时光让他真切地感受到了化学科普的独有魅力，也让他更坚定了化学方向的发展。

大三的大学生创新创业竞赛中，在许苏英老师和学姐的带领下，他接触到了生物化学这一全新的领域，虽然所涉较浅，但也在他的心中埋下了一颗好奇的种子。

四、造炬成阳

学有余力的同时，他还曾担任：北京化工大学雷锋精神研究会干事、化学学院团委组织部干事、北化校艺术团室内乐团干事、化学学院团委组织部部门负责人、化学 A1901 班学习委员、北化校艺术团室内乐团长笛声部长、北化校艺术团室内乐团副团长、化学 1901 班班长、化学学院教务处助理等学生职务。

在院团委学生会，他收获到了最真挚的友谊；在校艺术团室内乐团，他收获到了最欢乐的时光；在化学 A1901 和化学 1901，他收获到了最贴心的伙伴。在疫情防控的过程中，他勇担重任，多次投身于抗击新冠肺炎疫情的志愿服务中，展现了一名中共预备党员的担当风采。

五、以心引光

他还记得初到昌平校区时候，心中充满了忐忑和期待。他也记得最初遇到宿舍学长曹轩的那份感动，曹轩学长无微不至的关怀和热情让他第一次感受到了北化的温暖。一年后，他也成了宿舍学长，帮助自己的学弟融于北化的大家庭。

他也记得刚加入化学学院团委组织部时郑泽伟学长和朱江学姐在生活和学习上给予的各类指导，还教授他各项工作技能，使他在一次次的活动策划和执行过程中提高了自己的工作能力。一年后，他也成为了化学学院团委组织部的负责人，带领学弟学妹一起投身于化学学院的风采建设。

亦师亦友，是他最深的感触，认真负责的辅导员，如家人般的老孙和老庄，永远和颜悦色的王老师，他收到了太多的帮助，也深知这些支持的沉重。他也将永远心怀感恩，以初心相迎，走好今后的每一步，以实际的行动回馈家人、老师和朋友。

资料来源

初心莫忘 前路有光——北京化工大学化学学院优秀学生李安事迹[EB/OL]. 2022-12-06. https://www.265xx.com/w404/72821.html.

教学建议

本案例可作为《新时代中国特色社会主义理论与实践》(2021年版)“第五章 新时代中国特色社会主义文化建设”的教学素材。

张泽良：科创路上的青春排头兵

张泽良，中共党员，北京化工大学机电工程学院2022届毕业生，已保研至机电工程学院继续深造。在校期间曾获全国大学生电子设计竞赛全国一等奖、全国大学生材料设计竞赛全国二等奖、电信飞“young”奖学金、国家励志奖学金、校级三好学生、校级优秀团员等荣誉20多项。

“在实践中锤炼，在探索中求知”，属于张泽良的舞台，还在持续发光。张泽良目前拥有国家授权专利6项，其中第一发明人4项。曾担任北京杉树秘书处导师部部长、校艺术团民乐团副团长、创享商圈103店长、院学生会学术科技部负责人。也曾在学校“宏德单车”劳动教育实践基地服务同学，每学期志愿时长超过20小时；曾参加庆祝中华人民共和国成立70周年群众游行方阵和志愿服务工作，荣获先进个人称号。

一、好奇心：从拆坏一架电子琴开始

其貌不扬的机甲战车，仅供观赏的小坦克，续航时间更长的农药喷淋、智能滑雪单板、不用充气的轮胎，再到后来的无人机、智能车……大多数人可以从使用这些物件上获得快乐，而张泽良不一样，他的快乐来自于创造这些物件。

这位学习机械的工科生，似乎天生就带着和专业高度匹配的默契。曾参加大大小小的科技竞赛，手握六项国家授权专利，其中四项还是第一发明人，被问及科研初心时，给出的回答出乎意料的简单——好奇心。

大概在小学时，他对家里的电子琴产生了浓厚的兴趣，比起在琴键上弹奏出优美的乐曲，张泽良更好奇，“为什么通电以后，琴就能响?”为了解答这个问题，他“搜刮”了家里所有的工具，叮叮当当地直接把电子琴给拆冒烟了，但也正是从那块冒烟的电路板上，张泽良推开了好奇心的大门，在那些密密麻麻的金属小零件的带领下，跨进了一个发明创造的神奇世界。

后来，考上北京化工大学，如愿成为机电学院一名机械专业的本科生，张泽良旺盛的好奇心再次让他“如虎添翼”。幸运的是，他还遇到了能够不断激发出他求知欲的导师，引导他去做各种研究。

在他的众多发明里，有一项是智能电子圆环靶，通过电流脉冲的作用，圆环靶在水弹击中面板以后，可以自动播报靶数，既绿色环保，又提高了模拟子弹射击的真实性和可靠性，已经投入量产使用。

有时候参加竞赛，以实验室为家，困了就睡地板、沙发是他攻克难关时的常态，其他人眼里看到的是辛苦，张泽良看到的则是技术藩篱即将被突破的希望。从小小电路板里延伸出的世界，给了张泽良足够多的快乐。

二、爱民乐：用音乐“调节”生活

学习之余，张泽良还是我校艺术团民乐团弦乐声部的一名二胡乐手，曾担任乐团副团长，连续 3 年参加学校新年音乐会等大型演出活动。

张泽良从小学四年级就开始学习二胡，起因是小时候村里有秦腔戏曲班，正好二胡是秦腔的一个配乐，他的爸爸为了让他的童年生活丰富起来，就尝试着教他二胡，“没想到我学得很快，也逐渐爱上了这种传统的乐器。”

在张泽良的音乐成长中，最难忘的就是他的 3 位恩师，每次学完琴，都让他受益匪浅。考了十级证书以后也没有因为学习压力放弃，他一直在坚持学习。为了感恩，有时候放假回家，张泽良也会帮助老师带学生。

张泽良最喜欢的二胡作品是《战马奔腾》，他说：“每当旋律响起，我的心中都会充满了力量。”

在乐团排练的日子，也是张泽良大学最难忘、最享受的时光。在平时学习和科研竞赛身心疲惫的情况下，乐团排练反而会让他更加放松自己，调整自己的状态，以更好的精神状态再次投入到学习和工作当中。

三、奇思妙想：在勤奋中“开花结果”

引导他走上科研道路的内驱力是好奇心，在突破各种思维的局限，解决各种难题的过程中，那些推动他前进的“好奇心”总能够被一一满足，而要让这些奇思妙想“开花结果”，还少不了汗水的浇灌。

在张泽良和团队一起做的大学生创新创业国家级项目“震撼烟雾发生器”中，因为芯片内部 EEPROM 中一直出现程序写入有问题，导致作品功能产生时有时无的情况下，张泽良连续 2 周每天晚上 9 点半从图书馆结束学习，再去实验室研究，12 点多才回宿舍。虽然暂时没有解决问题，但是每天晚上都能学习到一些新的东西，第二天又继续去实验室。

终于，功夫不负有心人，这个问题解决了。他那些孜孜不倦的求索，或许在将来，恰好能够填补某一个领域的空白。他认为，做科研就要将研究方向与整个社会的发展、国家的发展产生更为积极的紧密联系，让成果造福于民。

因为好奇，所以一直保持对科研发明的热忱；因为好奇，所以始终都在探索全新的领域；也因为坚持不懈的努力，才让一个个好奇心变成现实。“假如中国有足够多的学者在好奇心驱使下不断探索，中国整体科学发展会有很大改变”，在张泽良身上，在更多勇立科技潮头浪尖的青年身上，这种使命与担当，正在逐渐转化成强大的力量，也是未来的希望。

张泽良说，他的成长离不开学校和学院的关心指导。在步入校园的第一天，辅导员赵金明老师就对他进行了充分的深度辅导，发现了他喜欢钻研的特点，之后一直指导他完成各类创新活动。

赵老师说，张泽良同学是一名德智体美劳全面发展的同学，希望他能够继续怀揣一份好奇心，秉持“团结奉献、艰苦奋斗、务实力行、博学创新”的北化精神和“宏德博学、化育天工”的校训，为实现中华民族伟大复兴的中国梦贡献北化人的智慧和力量。

资料来源

张泽良，你也太优秀了吧！[EB/OL]. 2022-07-09. https://mp.weixin.qq.com/s/5xIyEBmhhr2NC59oYUEsGw.

教学建议

本案例可作为《新时代中国特色社会主义理论与实践》(2021 年版)“第五章 新时代中国特色社会主义文化建设”的教学素材。

陈永兴：用行动诠释担当

2021年5月4日，《人民日报》专版刊发《本专科生国家奖学金获奖学生代表名录》，北京化工大学机电工程学院产品设计专业2017级学生陈永兴荣耀上榜。

他勤奋好学，担当作为，充分展现新时代学生党员的先锋模范作用，尽己所能为校争光。入学以来，学业综合成绩排名一直位居专业第一，连续三年获评国家奖学金；疫情期间，以“艺”抗疫，多幅作品被主流媒体刊发报道；2019年，为我校“开天辟地”方阵设计专属纪念杯，成功申请专利并制作成品发放给参与师生。担任机电工程学院学生会主席、团支部书记，获评校年度“十佳团支书”等12项个人荣誉；学科竞赛方面，斩获首都高校大学生心理绘画竞赛一等奖，北京市工业设计大赛一等奖等国家级、市级荣誉21项。

一、用画笔，战斗在另一个“战场”

2020年新冠疫情暴发之初，陈永兴就积极投入到网络抗疫思政阵地，通过学院微信公众号等平台普及抗疫知识，宣传抗疫事迹，增强抗疫信心，累计编辑微信文章40余篇。

用作品传播思想，一直是他努力的方向。围绕着提高防疫意识、全面战胜新冠疫情的信心、全球共同抗疫、向援鄂医护人员致敬几个方面创作10余件作品，被新华网、学习强国、人民日报等主流媒体转发报道，各平台阅读量累积突破300万次，得到诸多专业人士的肯定认可。

在一幅名为《百毒不侵》的海报作品中，可以看到带有浓厚中国传统文化特色的门饰“铺首”口中衔着一把宝剑，上面写着“COVID-19”（注：新型冠状病毒肺炎英文缩写），极具视觉冲击力。陈永兴解释说，这幅作品以中国传统的建筑门饰“铺首”为灵感，“铺首”作为门上的神兽，寓意驱魔辟邪，守护门神。在这里表达驱散病毒，百毒不侵。向人们传达新春佳节，只要在家隔离，关好大门，必能百毒不侵。

表达战“疫”的积极态度、对他人的友善提示、对生灵的敬畏，以及对一线医护人员和志愿者们的敬仰和感恩之情都融到了陈永兴的作品中。机电工程学院教师詹瑾评价他：“每幅作品随时间的推移，从风格和表现手法上都有着丰富的变化。灵活地运用了不同的元素，在充分展现所要表达内容的同时，也让整个画面和谐地与当时的情景相融。”

“还记得动物们因为人类隔离在家，才敢来玩耍的新闻吗？有没有人知道到现在为止我们失去了多少物种？”陈永兴也把这种焦虑和思考用画面表现出来，创作了公益海报《我的眼里只有你》。他认为，保护野生动物是一项持续的公益活动，这次疫情的暴发更让我们清楚了人与自然和谐相处的重要性。他用手绘画出动物们渴望生存的眼神，呼吁人类明白，世界是我们共有的，请善待每一种生灵。

二、精心雕琢 1700 人的“盛典记忆”

2019 年 10 月 1 日，庆祝中华人民共和国成立 70 周年大会隆重举行，天安门广场举行盛大阅兵仪式和群众游行。其中，由北京化工大学师生组成的“开天辟地”方阵第一个走过天安门广场，接受党和人民的检阅，陈永兴就是其中的一员。时隔一年后，方阵每一位同学收到了一份特殊的礼物——两只“开天辟地”方阵的原创纪念水杯，其中一只是印有开天辟地方阵的“70”专属水杯。

作为这款纪念水杯的设计者之一，陈永兴经过了十多版繁杂的修改，不断打磨造型、细节、尺寸、比例、材料和样式。他动情地说：“从草图到建模渲染，几十个 GB 的文件融汇出最终的‘70’款纪念杯造型。”细心赏析这款纪念杯，会发现它将红色的数字“70”字样与杯身和手柄巧妙融合，好贴心地雕刻了每一名参训师生的姓名。

这是他人生中第一个实现批量生产的作品，他仔细雕琢每一处细节，在选材上也别具匠心地结合了特殊工艺，使杯身在添加热水后，会显示出每个人的定装照片。校徽等“北化元素”也巧妙融入，充满浓浓的北化特色和盛典情怀，成为凝聚起方阵 1700 人共同回忆的重要载体。

他表示：“能为祖国献上这样一份贺礼让我感到非常荣幸，如果十年以后再看到这个杯子，希望拥有它的人能够记得 2019 年暑期在操场上风雨无阻流下的汗水，记得走过天安门那一刻的喜悦和自豪。”

三、“既然做了选择，就要负责”

回归班级，他是那个为同学们“操碎了心”的团支书。在保证自身学习的基础上，他积极带领身边同学一起参加学科竞赛，先后获得了国家级、市级等各级竞赛奖项 16 项。他认为：“独行快，众行远。既然做了选择，就要负责。”

大一时，班级整体成绩一般。而现在，在他和其他班干部的带动下，全班同学 GPA 均达到 3.0 以上。设计 1701 班级气氛团结向上，班级活动丰富多彩，班级凝聚力强，在多项评比中斩获佳绩，先后获北京市先锋杯优秀团支部、校红旗团支部等集体荣誉。当然，这些荣誉的背后少不了陈永兴的汗水，撰写答辩稿、制作视频 PPT、现场答辩，这些都是他一肩挑。

他坦言，人的精力是有限的，产生惰性很正常，但一定要分清事情的轻重缓急，合理规划时间，找到能放松自己的最佳方式，适当运动、听听歌都是不错的选择。“最重要的是目标要明确，心里憋着一股劲，就能坚持下来了。”

学生、设计师、画者、学生干部……众多身份“标签”和荣誉光环交织于他一人，但并没有让他迷失对自己的定位。他喜欢规划，从入校开始一直保持着这个习惯，并在反复的实践和调整中明确了自己适合什么、想要什么，找到与时代共振的最佳频率。

回顾大学四年，他非常感谢两个人——他的导师和辅导员。他和导师的关系更像是朋友，因为老师非常信任他，疫情期间师生一起制作网络宣传作品，让他深切感受到了周小儒教授的敬业精神和赤子情怀。“那段时间，周教授基本每天只能休息 5 个小时左右，还要带领学生发挥学科特长，运用专业知识鼓舞人心、传递信心，即便面对高强度的工作，他依然一丝不苟。”

而辅导员孙大鹏老师，总是在学习和工作中，身体力行做示范，这样的引领是潜移默化的，促使他也选择成为一名兼职辅导员，继续为学校散发光和热。幸运的是，陈永兴已免试推荐攻读北京化工大学硕士研究生，并担任兼职辅导员。“大学四年里，辅导员对我的影响很深，所以我也想成为他那样的人。”

在以后的日子里，他将继续奋斗在学生工作的最前沿，关怀学生、帮助学生、服务学生，矢志青春，回馈学校。他希望学弟学妹们能够想清楚自己要什么，能够度过充实、有意义的大学四年时光，要懂得取舍，最好能够在学业和工作之余挤出时间好好看看这个丰富的世界。

资料来源

1. 登上《人民日报》的他，到底有多牛？[EB/OL]. 2021-05-13. https://mp. weixin. qq. com/s/Oj8USP5XEUBOGaysnz8IkA.

2. 生命重于泰山，防控就是责任——陈永兴作品展[EB/OL]. 2020-04-15. https://www. sohu. com/a/388273468_100050512.

教学建议

本案例可作为《新时代中国特色社会主义理论与实践》(2021 年版)“第五章　新时代中国特色社会主义文化建设”的教学素材。

杨倩：多年训练成就首金

2021 年 7 月 24 日，中国“00 后”枪手杨倩拼下东京奥运会首金。杨倩，女，2000 年 7 月出生，清华大学经济管理学院 2018 级本科生，清华大学射击队、中国射击队队员。

杨倩 11 岁即进入宁波体校训练，2016 年加入清华射击队在清华附中就读，“爱国奉献追求卓越”沁入心灵，参加奥运为国争光成为梦想。她在学业之外刻苦训练，常常一站上靶位就是一下午，重复练习一个十环动作；终于在 2021 年 7 月 24 日摘得东京奥运会首金，并成为中国射击队在同届奥运夺得两金的第一人。

2016 年 2 月，杨倩通过清华大学射击项目后备人才选拔，加入清华大学射击队，在清华附中就读。2018 年通过清华大学高水平运动队招生资格审查、射击项目全国统测和高考，进入清华大学经济管理学院学习。在体教融合的培养环境下，“爱国奉献、追求卓越”的清华精神深深烙进她的心里，伴随着她不断成长。

在校期间，杨倩作为一名学生运动员，尊敬师长、团结同学、认真学习、刻苦训练。在学习课业方面，杨倩高标准要求自己，绝不马虎，因比赛耽误的学习进度，在赛后总是第一时间主动联系老师和同学进行补课，各门课程成绩优良。同班同学评价杨倩，“无论是在课上，还是在课下，她都是一个非常认真的人。”杨倩在班级的表现赢得老师、同学的一致好评，凭借自身的努力，她连续两年获得校级奖学金，并在 2019 年获得清华大学体育代表队“最佳突破奖”，2019 年与 2020 年连续两年获得清华大学射击队“优秀运动员”“业务之星”称号。

除了上课学习之外，杨倩每天都要在清华大学射击馆进行训练，寒暑假、周六日无一例外。正如奥运赛场上大家所看到的那样，射击运动是一项对技术和心理素质要求极高的体育项目。为了能够在奥运的赛场上发挥出自己最佳的竞技状态，杨倩严于律己、刻苦训练，日复一日、年复一年地重复练习一个十环动作。在每一堂训练课中，坚定一个标准，做到精益求精，把这一个十环动作深深刻进骨子里；射击训练的过程是单一且枯燥的，一名优秀的射击运动员必须要忍受得住训练时的寂寞，与自己作斗争，不断突破自己。就是在这样的训练中，杨倩练就出了过硬的技术本领，强大的心理素质。

杨倩的运动成绩在进入清华大学后突飞猛进。2019 年 3 月，她入选中国国家射击队。同年 8 月 12 日，在第二届全国青年运动会射击比赛中，杨倩以 251. 5 环的成绩获得女子气步枪 60 发比赛项目冠军，收获个人运动生涯首个全国综合性运动会冠军。11 月 15 日，在第十四届亚洲射击锦标赛中，杨倩以 251. 6 环的成绩夺得女子 10 米气步枪个人冠军，个人运动生涯首次获得洲际赛事冠军。2020 年 9 月 22 日，在全国射击冠军赛中，杨倩收获 10 米气步枪混合团体冠军及女子 10 米气步枪个人冠军。11 月 6 日，杨倩再次在全国射击锦标赛中获得一金一银。

随着运动成绩的不断提高，“参加奥运，为国争光”逐渐成为杨倩心中最渴望的梦想。机会终于来了，2021 年 2 月 1 日，在中国国家射击队东京奥运会最终队伍选拔赛(第一场)女子 10 米气步枪比赛中，杨倩以 251. 5 环的成绩获得冠军。2 月 6 日，在中国国家射击队东京奥运会最终队伍选拔赛(第二场)女子 10 米气步枪比赛中，杨倩以 253. 1 环的成绩获得冠军，并打破世界纪录。3 月 13 日，在中国国家射击队东京奥运会最终队伍选拔赛(第三场)女子 10 米气步枪比赛中，杨倩以 251. 6 环的成绩获得冠军。3 月 22 日，在中国国家射击队东京奥运会最终队伍选拔赛(第四场)女子 10 米气步枪比赛中，杨倩以 252. 3 环的成绩获得冠军。在全部四场选拔赛中，杨倩均获得女子 10 米气步枪个人冠军，并以 295 分位列积分榜第一名，毫无悬念获得 2020 东京奥运会参赛资格，成为中国代表团成员之一。

2021 年 7 月 19 日，杨倩作为中国射击队第一批队员抵达日本，开始了她的逐梦之旅。7 月 24 日，东京奥运会射击女子 10 米气步枪项目比赛如期举行，在资格赛中，杨倩以 628. 7 环的成绩排名第六。决赛中，杨倩第一组射击后成绩为 51. 9 环排在并列第五位。在落后的局面下，杨倩一步一个脚印，迎头追赶，最终逆袭战胜对手，摘得东京奥运会首金，并刷新该项目奥运会决赛纪录。

2021 年是杨倩第一次为国出征奥运会。回忆起那个夏天，她说，射击运动员要追求一种极致的平静，内心小小的波澜可能直接导致环值上的巨大偏差。首战告捷后，杨倩强迫自己冷静下来，专心备战接下来的混团比赛。杨倩回忆，赛前她一直在调整心态，给自己积极的心理暗示，脑子里回忆每一次击发的程序动作，尽量保持平稳冷静的状态。赛后，有人评价杨倩心理素质极佳，看不出丝毫的紧张感。“虽然有人觉得我打比赛很平静，但事实上，比赛的关键时刻我还是会紧张，适当的紧张能让我更加专注于比赛过程。”杨倩说。“作为运动员，特别是射击运动员，要耐得住寂寞，因为每一次瞄准和击发，都是在和自己作斗争，面对竞争和成败要有强大的内心。”她在赛后接受采访时说道：“这枚金牌，是在建党百年之际献给祖国的礼物。”

7 月 27 日，她与队友杨皓然配合，在 10 米气步枪混合团体赛中又摘得一枚金牌，成为中国射击队在一届奥运会上夺得两枚金牌的第一人，为祖国再次争得了荣誉。杨倩在比赛中面对压力神情自若，展现出良好的心理素质，沉着应战、奋力拼搏的精神感动了每个人。颁奖典礼上，她落落大方、笑容可掬，给全世界留下了深刻的印象，充分展现当代中国青年的精神风采。

心怀家国、自强不息，这是杨倩不断超越自我的最大动力，也是当代青年的最生动写照。杨倩的事迹也为全国广大青少年竖起了榜样，勇担使命、恪守初心、坚毅笃行，厚植爱国主义情怀；敢于争先、勇立潮头，不断突破，砥砺永久奋斗品格；练就过硬本领，创造青春无悔业绩。

东京奥运会已经落幕，为表彰杨倩在赛场上奋勇拼搏、敢于挑战、勇于争先的精神，共青团中央、全国青联授予杨倩“中国青年五四奖章”，全国妇联授予杨倩“全国三八红旗手”称号。

资料来源

1. 杨倩：00 后清华女孩夺得奥运首金[EB/OL]. 2021-09-06. https://www.bjwmb.gov.cn/bjby/pxbd/2021/09/01/859808.html.

2. 杨倩，追求一种极致的平静[EB/OL]. 2021-12-24. http://fangtan.people.com.cn/n1/2021/1224/c441632-32316173.html.

教学建议

本案例可作为《新时代中国特色社会主义理论与实践》(2021 年版)“第二章　新时代坚持和发展中国特色社会主义”的教学素材。

叶热托里肯·巴达义：让青春绽放在祖国最需要的地方

叶热托里肯·巴达义，男，哈萨克族，1995年出生，中共党员，北京化工大学文法学院法学专业本科生，2016年入伍，2018年退役。2016年5月，他毅然报名参军。因为害怕体检没通过，最后空欢喜一场，直到他收到了审核通过的通知，这才放心地告诉了父母。当他得知被分配在新疆服役后，更是激动万分。作为一个出生在新疆的哈萨克族学生，来到北京求学后还能有机会参军回到新疆，这个机会让他非常珍惜。

一、"西北第一哨"的解放军汉语教师

2016年，叶热托里肯来到新疆白哈巴服兵役。这个有着"西北第一村"佳誉的边陲村落，给他留下了深刻的印象。白哈巴村是一个多民族村庄，所处地理环境偏远，有一句话叫"一座毡房就是一个哨所，一个牧民就是一名哨兵"。村民接触普通话的机会很少，跟汉族同志交流就成了问题。因此，为了使军民关系更亲近，以及更好地做好守护边境线工作，他担任了连队的翻译。

有一次当叶热托里肯完成了一天的巡逻任务疲惫地赶回营地时，坐在连队门口的一位大爷迎面蹒跚而来，激动地用哈萨克语告诉叶热托里肯他家的几只羊越过了第一道警戒网。老人家急切地用手指着已近地平线的夕阳，比画着说因为语言不通无法给其他战友说清事由。叶热托里肯安抚了大爷几句后赶忙向连长汇报了情况，最终经过一个小时的摸黑寻找，叶热托里肯和战友们顺利把大爷的几只羊赶出了警戒区。当听到老人家开心地连连直道"解放军万岁"时，他一天的疲惫瞬间一扫而空。

在与村民们相处的一段时间中，叶热托里肯发现军民之间交流存在障碍，于是他在村里便有了"老师"这一称号。为了搭建军民沟通的桥梁，他在连队里为牧民们开设了汉语课。后来，也许是认真、活跃的学习氛围打动了更多牧民，越

来越多的牧民参与了进来，为了给牧民们提供更好的学习条件，他申请了闲置的乒乓球室的使用权，又从仓库找来了几套桌椅，甚至复印了几本小学语文书作为教材，就这样，他和牧民们的汉语课堂步入了正轨。

除了教牧民们汉语，他还会与牧民一起开展活动，如“军民运动会”。拔河、射箭、摔跤、赛马……边关战士和哈萨克族、蒙古族牧民同场竞技，马嘶、犬吠、观众叫好，蓝天雪山下，这里有浓浓的军民鱼水情。

二、冰雪巡逻路上的生死大营救

美丽风景背后伴着想象不到的艰辛。巡逻路上多是险山陡坡、泥沙草潭，又常有狼、熊等野兽出没。这里还有每年长达 8 个月的雪期，最低温度达到零下 50 度。记得一次叶热托里肯和战友们在巡逻途中发现一辆上山的越野车陷入雪窝无法前行，据被困车辆司机说，车里是他的亲家，在山上的毡房里突发高血压昏迷不醒，急需送到医院救治，命悬一线的时刻车子却深陷雪窝，无法前往救治。于是，连长带领叶热托里肯和几名边防战士挖雪开道。最终，看着越野车安全驶下山，他们才放下心，继续前往防区巡逻。身子虽然冻得已逐渐麻木，但是心里却无比高兴，看到战友们脸上洋溢的笑容，让叶热托里肯体会到人民子弟兵为人民服务的幸福，如此难忘。继续上路，还有面对偷渡分子的紧急时刻，还有与恶劣天气做斗争的艰辛，但是达到界碑时的喜悦胜过一切艰难险阻。擦拭界碑的庄严和神圣，很光荣，祖国最遥远的土地，有他曾守护过。

三、他的别样“兄弟”——军马“蛋蛋”

由于边防线常年积雪，地势崎岖，机动车辆在这里派不上用场，所以巡逻只能靠原始的方式——骑马巡边防线。

老班长就给他分配了一匹叫蛋蛋的军马，它有一身红褐色的毛，温和勇敢，也很要面子。每次巡逻的时候，它都气势雄壮，四蹄生风，走在巡逻队的最前面；它也很有耐力，再长途的巡逻任务也没有一次发脾气，不想走。它就像他的兄弟、他的亲人，伴随他走过了最美好的时光。

172 公里的边防线，一年至少要巡逻 10 次。春节前夕是叶热托里肯和蛋蛋的第一次远途巡逻，全程超过 130 公里。他们一行五人五马，沿途翻雪山、过冰河、穿越原始丛林和无人区。出发当天没走多远，蛋蛋踏上一处暗藏的雪坑，一个踉跄叶热托里肯从马背上摔了下来，跌倒在过膝深的雪中，庆幸的是他与蛋蛋都没有受伤。在巡逻的必经之路上，一条几十米宽的阿克哈巴河支流横亘在他们面前，由于冰面过于湿滑，蛋蛋没站稳，他们一同摔倒在冰面上，最后叶热托里肯牵着蛋蛋小心翼翼地渡过冰河。上岸后，叶热托里肯与战友们燃起篝火烘干被雪水和汗水打湿的衣服和鞋。太阳落山前，他们搭起帐篷，吃着压缩干粮，回望着有惊无险的一天。在历经四天三夜的长途巡逻后，他们回到了连队，圆满地完成了巡逻任务，叶热托里肯和蛋蛋享受着从未有过的喜悦和激动。

四、塞北温情时常在，边关冷月亦温存

为了学到更多的技能，叶热托里肯主动挑起了队里其他的担子：新训班长，翻译，副班长，军马饲养员，牧民汉语老师，执勤负责人……当他因为这些荣获三等功的时候，他并不认为这是劳苦功高的体现。能在自己热爱的一方热土上发光发热，恰好是他的光和热照进了有需要的人们眼里、心里。不来一次边关，永远不知道戍边人坚守边关的伟大。这里没有灯红酒绿般炫目的生活，却有战士们的“风花雪月”，那风是铁马秋风，花是战地黄花，雪是踏冰卧雪，月是边关冷月。

哈萨克族的叶热托里肯·巴达义把自己比作一颗石榴籽，他在服役期间主动担当民族团结使者，为当地同胞开设汉语课程；他曾用双手扒开陷入雪窝中的车辆为抢救村民生命争取时间；他曾驾驭战马穿越无人区，巡防在祖国西北上百公里的边境线上。退役复学后，他把人民子弟兵的优良作风带回学校，曾担任国庆70周年群众游行方阵“开天辟地”方阵教官；曾担任学校征兵宣传大使，用自己的故事感染引领同学携笔从戎、保家卫国，他用实际行动诠释了革命军人对党忠诚，听党话、跟党走的使命担当和为人民服务的根本宗旨，正如他所说：“我以生活在这个英雄的国度而自豪，我会建议更多的有志青年像我一样报名参军，用自己的青春和热血挥洒军营，在军营这个大熔炉里淬炼成钢。”

叶热托里肯·巴达义于2016—2018年服役于白哈巴边防连，返校复学后，被教育部评为“第十四届中国大学生年度人物”，于当年获评北京化工大学“校长奖”，并获评2021年度北京市“最美退役军人”光荣称号，也是唯一获评此项荣誉的在校大学生。

资料来源

1. 叶热托里肯·巴达义：让青春绽放在祖国最需要的地方[EB/OL].2019-05-24. http://edu. people. com. cn/n1/2019/0524/c1053-31101837. html.

2. 我校退役大学生士兵叶热托里肯·巴达义获评北京市“最美退役军人”称号[EB/OL]. 2021-07-09. https://news.buct.edu.cn/2021/0709/c2118a155142/page.htm.

教学建议

本案例可作为《新时代中国特色社会主义理论与实践》(2021年版)“第八章 新时代坚持和发展中国特色社会主义的重要保障”的教学素材。

赵建铭：用实际行动践行“请党放心，强国有我”誓言

赵建铭，男，满族，中共党员，中央财经大学国际经济与贸易学院 2017 级本科生、2021 培优计划学员，庆祝中国共产党成立 100 周年大会献词领诵员，北京 2022 冬奥会、冬残奥会赛会志愿者，冬残奥会闭幕式志愿者代表，2021 年度北京青年榜样，2022 年荣获“全国向上向善好青年”称号。作为一名新时代青年，赵建铭尽其所能在服务国家大事中贡献青年力量。

一、荣担青年领诵员

2021 年 7 月 1 日，在庆祝中国共产党成立 100 周年大会上，来自中央财经大学的赵建铭代表中国亿万青少年站在天安门广场，向党致以青春的礼赞，向世界展示中国青少年良好的精神风貌，许下“请党放心，强国有我”的誓言。

2017 年，赵建铭参加高考，以优异的成绩考入中央财经大学国际经济与贸易学院。虽然所学专业不是播音与主持艺术专业，但是他敢于挑战自己，凭借自己的努力，他成了学校大学生艺术团主持团的团长。还担任过 2017 年中财春晚、2018 年中财毕业晚会、2019 年 70 周年校庆晚会等重大校级活动主持人，拥有较好的舞台掌控能力与技巧。

虽然赵建铭已经在学校主持过毕业晚会、学校 70 周年的校庆晚会等重大活动，但是他仍然希望去尝试不同舞台的挑战，去更大的舞台上展现、锻炼自己。当他知道有一个可以在天安门广场上成为“领诵员”的机会时，他非常渴望得到这个机会，于是第一时间报名。凭借在学校主持重要活动的经历，赵建铭顺利入围，但是与他同时入围的还有 3454 名青少年，经过层层选拔，赵建铭脱颖而出，成为四名领诵员的中一员，选拔过程可谓“千里挑一”。

由于并非“科班”出身，即便有主持校园活动经历的赵建铭在集训时也感到吃力。发声气息的把控是他最大的难题，此外找不准发声位置、声音会发虚、笑

容不够灿烂等也是他的痛点。不过，这个问题没有难住他，他苦练发声，反复练习腹式呼吸，通过镜子练习面部表情，为了让自己找到代入感，他还和其他伙伴一起观看了《建国大业》《建党伟业》等经典电影，不少红色歌曲也上了他的歌单。经过一番苦练，赵建铭不仅掌握了朗诵的基本功，而且通过熟悉历史背景，他在朗诵的时候也会带着感情朗诵。他顺利完成了蜕变，获得了指导老师的认可。

赵建铭在思想和行动上始终积极向党组织靠拢，大一时提交入党申请书，并于2019年加入中国共产党，曾获2017年北京市海淀区三好学生、2018年“新时代新作为——国家审计走进高校”优秀工作者、校美育素养优秀奖学金、校德育优秀奖学金、校组织管理优秀奖学金、校全面发展奖学金等荣誉；曾任团支部书记、校大学生艺术团主持团团长，是支部团员的“贴心人”，沙河高教园区文化交流月等校内外各大活动的“金话筒”。

2021年北京青年榜样主题教育活动开展以来，团市委等主办单位和协办单位，深入基层最一线，扎实开展“北京青年榜样”候选人举荐工作，通过组织推荐、社会举荐、媒体举荐等渠道，以网络投票、专家评审等方式，最终推出100名事迹突出、感染力强、根植基层的“北京青年榜样”年度人物，赵建铭成功当选。

二、服务北京2022年冬奥会和冬残奥会

赵建铭是北京2022冬奥会和冬残奥会的志愿者，服务两个奥运。服务场地为北京首都国际机场，为到京的各国代表团提供抵离咨询服务。作为一名志愿者同时也是抵离咨询业务领域的志愿者主管，上岗前他细心组织多次培训，带领志愿者巩固熟练防护服穿脱技能；他还对机场工作人员进入航站楼线路多次进行踏勘，考察工作区域，详细规划外宾保障流线、离境保障流线，为志愿者上岗服务打好基础，确保志愿者顺利出发和归来；上岗时他倾力奉献，认真管理志愿者团队，兢兢业业完成保障任务，并为其他业务领域提供协助支持。除夕夜、元宵节、运动员入境和离境高峰等重要时间节点，赵建铭都坚守在志愿岗位上，多次协助外国运动员找回遗失物品、完成健康申报，用实际行动站好“国门第一岗”，守好“防疫第一线”，展现“国门第一微笑”，向世界展现着中国自信和北京之美。

2022年北京冬季残奥会闭幕式在国家体育场盛大举行。赵建铭登上鸟巢闭幕式舞台，作为6位志愿者代表之一，代表全体冬奥志愿者，接受国际残奥会运动员委员会新当选委员的赠礼，接受这份来自国际对中国青年志愿者的肯定与赞

赏。20 时 18 分许，赵建铭从国际残奥会运动员委员会新当选委员手中接过献花，他向对方致以谢意，再一次向世界展现首都机场志愿者“眼中”的微笑！

三、积极投身服务乡村振兴战略

赵建铭积极投身乡村振兴战略的一线，到祖国最需要的地方去传递青年力量。他前往甘肃宕昌、康县，深入边远乡村开展实践活动、支教帮扶活动，以梦想课堂、榜样宣讲、直播带货等多种形式将所学转化为实践，其所在团队获全国大学生百强暑期实践团队称号。

从“建党百年青年领诵员”到“北京青年榜样”，他在“强国有我”的誓言中履践致远，让青春在服务国家和在人民中闪光。从“京津冀高校防艾宣传大使”到“首都机场冬奥会志愿者”，他用微笑传递能量，在公益中践行着“奉献、友爱、互助、进步”的志愿精神。

资料来源

1. 中财大学子赵建铭当选北京青年榜样[EB/OL]. 2022-01-04. https://news. cufe. edu. cn/info/1002/52306. htm.

2. 引领朗诵的帅哥“赵建铭”，是中财大的“学霸”，已被保送读研[EB/OL]. 2021-07-03. https://www. 163. com/dy/article/GE0A8T9305326SHH. html.

3. 我校赵建铭荣获 2022 年“全国向上向善好青年”称号[EB/OL]. 2022-06-15. https://news. cufe. edu. cn/info/1002/52935. htm.

教学建议

本案例可作为《新时代中国特色社会主义理论与实践》(2021 年版)“第五章　新时代中国特色社会主义文化建设”的教学素材。

王万奇：志愿服务永远没有终点

王万奇，中共党员，中央财经大学马克思主义学院 2018 级博士研究生，曾任全国志愿服务青年讲师团讲师、北京高校博士生理论宣讲团讲师、学院博士研究生党支部副书记、2018 级博士研究生团支部书记，央苗计划、摇篮计划公益项目发起人。王万奇同学直接由共青团中央推荐参选全国最美志愿者，作为获得推荐的唯一一名大学生，经过评选，2019 年成功当选最美志愿者，2021 年获评全国高校“百名研究生党员标兵”。

一、争做马克思主义理论的传播者、实践者

作为马克思主义学院的博士研究生，王万奇始终把对马克思主义的真学、真懂、真信、真用作为自己的学习目标，他坚持把对现实问题的思考与自己的理论研究相结合，努力把论文写在大地上。他先后在《中国青年社会科学》《中国青年》等期刊以及中国社会科学网、党建网等网站发表多篇高质量学术文章。此外，他协助导师冯秀军教授参与申报全国教育科学国家重大课题《新时代爱国主义教育长效机制研究》，参与国家社会科学一般项目《微文化背景下大学生社会主义核心价值观研究》等课题。通过不懈努力，王万奇获得 2020 年博士研究生国家奖学金。

在担任全国志愿服务青年讲师团讲师、北京市高校博士生理论宣讲团讲师、中央财经大学博士生理论宣讲团团长期间，王万奇身体力行传播马克思主义、习近平新时代中国特色社会主义思想，他走到武汉大学、中国石油大学(华东)、广西大学、河北农业大学等 10 余所高校的青年大学生中去，深入北京市朝阳区、东城区、云南省双江县、甘肃省宕昌县等多个社区和乡村的群众当中，开展各类理论宣讲 20 余次，听众累计超过 10 万人次。在王万奇的带动下，中央财经大学的博士生理论宣讲团由 4 名成员发展壮大到 20 余人，在青年大学生中掀起人人爱学理论、人人爱讲理论的新风潮。

二、甘做人民幸福生活的创造者、守护者

作为一名青年志愿者，王万奇用 13 年的时间践行急人民群众之所急，把人

民作为自己的服务对象，把人民的需要作为自己的服务内容。

如果奉献是一种财富，那王万奇一定是一个富有的人。他是汶川地震时的全国抗震救灾优秀学生，他是贫困山区的支教老师，他是11名留守儿童的“榜样哥哥”，他是全国最美志愿者……也许一个人的力量并不能照亮所有山区学生前行的道路，但王万奇点亮了火把，因为他坚信有了爱就有了一切！

因在2008年汶川地震组织抗震救灾方面的果敢表现，王万奇被评为全国抗震救灾优秀学生，从此他与志愿服务结缘。

近年来，为助力打赢脱贫攻坚战，王万奇先后联系10余名驻村第一书记，连续6年带领同学们到偏远地区开展义务支教，为贵州、四川、广西、云南等地的山区小学送去图书8600余册，帮助留守儿童3200余名并长期资助8名，募集资金及爱心物资超40万元。在扶贫过程中他发起“瑶篮计划”公益项目，获得第三届中国青年志愿服务项目大赛金奖、第十一届中国青年志愿者优秀项目奖。在此基础上启动“央苗计划”，为山区中小学生发放“央苗奖学金”2.7万余元，这些钱大部分是他在读书期间获得的各类奖学金，谈及设立的初衷，他说道：“把大的奖学金化成小的奖学金，可以鼓励更多的孩子们，让他们有书可读、能读好书。”

多年投身教育扶贫，让王万奇深刻意识到对于广大的山区孩子要“扶智”，更要“扶志”。他关注并守护着一批又一批受教学生成长成才，鼓励他们坚持学习、走出大山、反哺家乡。2014年，他放弃免试研究生的资格，只身前往当时的国家级贫困县富川瑶族自治县义务支教，2020年正是他曾经所教学生的高考之年。为了实现支教结束时对学生许下的诺言，王万奇毅然从家乡陕西来到广西与自己的学生们交流谈心，给瑶乡的学子送去高考所需的文具大礼包，为孩子们加油鼓劲。疫情再险也阻拦不了他对孩子们的思念，因为那是一个共产党员对“后浪”们的许诺。如今，王万奇带过的学生很多也走进了大学，并跟着他走上了志愿服务之路，这对于王万奇来说就是最大的幸福。

在多年志愿服务的道路上，王万奇还积极运用所学知识助力贫困地区产业脱贫。2020年8月，王万奇参与学校研究生实践团队到对接的国家级贫困县甘肃省陇南市宕昌县开展志愿服务，他认真了解当地的风土人情，熟悉当地的各类特产，义务直播带货9.98万元，赢得了当地干部群众的一致好评。当听说王万奇要返校离开宕昌时，哈达铺镇玉岗村一位曾得到王万奇帮助的留守老人为了表达感激之情，连夜为王万奇绣了一双暖心的鞋垫。

三、勇做民族危难之际的担当者、奉献者

作为一名研究生党员，王万奇一直信守着一句话——“无尽的远方，无数的人们，都和我有关。”

2020年初新冠肺炎疫情暴发后，王万奇除了积极报名参加家乡的疫情防控工作，还在第一时间组织师生发起爱心资金线上募集活动，短短两小时内就筹到善款1万元，捐赠给武汉市青少年发展基金会。同时，王万奇为湖北大学等10余所高校的1.2万余名大学生团员义务上团课，与身在疫区的学弟学妹们交流谈心、答疑解惑，并通过“疫情中的青年志愿者”“青春战疫·志愿有我”等主题宣讲引导更多的青年大学生积极参与疫情防控，坚定战疫必胜的信心。此外，他与北京各高校博士生理论宣讲团的讲师们发起线上联合宣讲活动，得到《人民日报》“五四”当天的头版点赞。随着疫情得到进一步控制，王万奇又在第一时间为即将复学的云南省双江县邦丙镇邦丙完全小学筹集防疫物资，共计口罩4500个、消毒纸巾225包、爱心书包225个。

“疫情防控战疫还没结束，我们青年志愿者继续前行的步伐也不会停歇。我们将继续在党中央的坚强领导下，站稳人民立场，做好疫情防控的青年卫士！”就像中国青年报记者采访王万奇时他所讲述的那样，作为一名研究生党员，同时作为一名青年志愿者，他时刻准备着：“服务人民、奉献祖国”，努力争做新时代勇于担当民族复兴大任的研究生党员标兵！

资料来源

1. 全国高校“百名研究生党员标兵”！[EB/OL].2021-08-15. http://news.cyol.com/gb/articles/2021-08/25/content_R77yqiGVK.html.

2. 我校王万奇同学当选“全国最美志愿者”[EB/OL].2019-03-04. https://gs.cufe.edu.cn/info/1117/5988.htm.

3. 王万奇：服务人民，奉献祖国！[EB/OL].2021-05-23. https://www.thepaper.cn/newsDetail_forward_12814071.

教学建议

本案例可作为《新时代中国特色社会主义理论与实践》(2021年版)“第六章　新时代中国特色社会主义社会建设”的教学素材。

刘曰云：青春献军营，归来续华章

刘曰云，女，中共党员，首批驻藏空军女兵之一，中北大学材料科学与工程学院2016级材料成型及控制工程专业学生，曾担任校团委助理、学校军训教官等职务，中北大学党史宣讲团成员、“青春故事分享会”主讲人及家乡征兵宣传大使。她曾带领班级获得学院班服设计大赛第三名，曾获第六届“互联网+”省赛金奖、眭怀明奖学金、中北大学“十佳志愿者”等荣誉。在2020年疫情期间主动请缨，第一时间和妈妈加入退役军人抗疫志愿者，因表现突出，事迹受到太原市人民政府、山西青年报等媒体的报道。

刘曰云出生于革命老区——太原市阳曲县，家族中有七位军人，受家族熏陶，从小积极乐观，喜欢冒险与挑战的她，不知从什么时候开始便对绿色军营有了特别的向往。作为家里的小女儿，母亲由于心疼孩子，不愿让孩子受苦受累，便一直不同意她参军入伍。两次应征因体重、视力不合格而没有通过，这恰巧顺应了母亲的心意，但这并没有磨灭她的当兵梦。2016年考入有“人民兵工第一校”之称的中北大学，担任班委及助困负责人，成为一名入党积极分子。得知学校有预备役，军训刚结束，她便火速报名参加。

通过选拔成为预备役的一员后，即使训练很累很苦，她也从未想过放弃。预备役的训练使她不论在军事素质还是体能方面都有很大的改变和提升，体重从150斤减到120斤，三公里从跑不完到能够及格，队列动作从四不像到不仅能够做出标准的队列动作还能进行基本教学。一天，母亲来学校看她，走到宿舍后从舍友口中得知她在操场训练，生气的母亲一路通过询问赶来操场，然而当母亲在旁边远远望见人群中的她，炙热的阳光下汗水一滴一滴从脸颊上滑落，眼神坚毅，那一刻，母亲似乎感受到了什么。“她就这么渴望成为一名军人吗?”母亲被女儿的毅力打动，心想：既然孩子喜欢，就放手让她去做吧！追逐她自己的梦想，完成自己的心愿。之前因为视力没有通过选拔，母亲这次便筹钱给她做了激光手术。第三次报名征兵，她顺利通过重重选拔，在众多报名者中脱颖而出，如愿成为一名女兵。

新兵连训练，是适应军营生活，达到具备一名军人的基本素质，从社会到军营的一个过渡。从小身强体健再加上学校预备役训练的基础，她在新兵连训练中多次被评为训练标兵，各项训练都达到优秀。

三个月的新兵连生活很快就结束了。也许是机缘巧合，当兵之前，她就跟母亲说，想去西藏——那个离天空最近的地方。征兵面试的时候，面试官也问过刘曰云，要是把她分配到西藏这些艰苦偏远的地区她是否愿意，她毫不犹豫地说"一切服从组织安排！"下连分配时，正巧遇上单位首次要选拔一批女兵去西藏。这可把她激动坏了，得知这个消息后一整晚都没睡着，"要当兵，就当得有意义一点——到祖国最需要的地方去，西藏，我去定了"，去西藏的想法便在她心里深深扎了根。通过选拔，她成为首批驻藏空军女兵中的一员，并于当年 12 月底来到美丽的雪域高原——西藏，在这里度过了人生中最美的年华。在西藏，她最大的收获就是"坚强"。面对脱发、头晕、指甲畸形等高原反应，她都积极地去面对和克服。一次从内地考试结束后坐飞机回到高原，她高原反应特别严重，每天不定时发高烧，医院检查显示她的白细胞含量严重偏低，疑似白血病，进行住院观察。刚开始，为了不让家里人担心，她住院的时候只和母亲说自己有任务，最近不能联系她们了，但其实她内心充满了恐惧，常常躲起来哭。直到医生告诉她可能是脑膜炎或白血病，要做骨髓穿刺进行进一步的排查，这一下彻底击溃了刘曰云的心理防线，她怕自己和母亲通话忍不住哭引起母亲更大的担忧，便托朋友转告母亲自己的现状。母亲一听到消息，便和姐姐连夜乘飞机抵达西藏。在病床前，看着这个远离家乡、报效国家的女儿，眼泪止不住地往下掉。那一刻，整个世界都静止了，只剩下母亲与她各自复杂的情感。也许是心情因素影响，母亲来到之后，她的病情逐渐好转，恢复正常。被问到是否后悔，她表示"一点都不"，两年的军旅生涯在精神层面上锤炼了她的品格，以后有机会，还会回到军营。受刘曰云的感染，正在上大学的弟弟也于 2019 年参军入伍。

2019 年 9 月退役复学。回校后，继续发扬军人的优秀传统，每日早起坚持锻炼，参加了太原市马拉松、晋阳湖新年环湖跑等长跑活动。并积极参与学院和班级工作，担任学院党建中心副部、校团委助理。已有两年没有接触大学课本的她在学习上难免有些吃力，但是曾经的从军经历，让她有一股不服输的精神，经过刻苦努力，顺利通过各项专业课考试、英语四六级考试、计算机等级考试等，并且获得综合素质二等奖学金、畦怀明奖学金等。在生活中待人友善，乐于助人。

担任学校军训教官和家乡征兵宣传大使，继续发挥自己的热量。

2020 年春节是一个特殊的春节，新型冠状病毒来势汹汹，全国人民众志成城，投入到这场没有硝烟的战争中。国有战，召必回，于是作为退役军人的她，在疫情肆虐之际，和妈妈第一时间加入退役军人志愿服务队。“您好，我是社区居委会的工作人员，请问最近有没有湖北或武汉的亲人来访?”“请问家人中有没有感冒发烧的?”……这是她们每天的开场白。在社区，每天从早上开始就进行入户排查，每天要爬几千个台阶，摸排几百个住户，一天下来嗓子都是哑的，晚上回到家腿上就像装了秤砣一样，挪也挪不动。前期工作多，任务重，中午没时间休息，就在办公室吃碗泡面，然后接着工作。在后期主要就是保障居民日常生活需求，尤其是隔离返乡人员的日用品采购、收取快递、交水电费等。由于疫情，各地都没有如期开学，但是学校开设了网课，为了不耽误学习，她就利用晚上的休息时间加班加点补习。

在疫情期间，无数党员牺牲小我、冲锋在前的事迹深深感染到了她，让她更加坚定了入党的决心，想要加入这个伟大的集体，成为他们当中的一员，服务社会，服务人民。通过党组织的层层考验，2020 年 10 月刘曰云成为一名光荣的中共预备党员。次年，如期成为一名正式的中共党员。同年为建党 100 周年，她积极担任党史宣讲团成员，在大学校园里与宣讲团成员一道宣讲党史，让更多人了解党的历史，坚定信念跟党走。并受邀回到初中校园进行党史宣讲，鼓励学弟学妹坚定理想与信念，明确责任与担当，争做新时代的追梦人。

她说，人的一生很短暂，要多去做一些有价值、有意义的事情，不断充实自己。

资料来源

1. 第十六届中国大学生年度人物候选人刘曰云事迹[EB/OL].2021-12-16. https://paike. people. com. cn/sdt_selection2021/view/info_2021/183.

2. 青春献军营　校园续华章——记第十六届“大学生年度人物”入围奖获得者刘曰云[EB/OL].2022-04-05. https://www. nuc. edu. cn/info/1355/23263. htm.

教学建议

本案例可作为《新时代中国特色社会主义理论与实践》(2021 年版)“第五章　新时代中国特色社会主义文化建设”的教学素材。

李力：新时代大学生誓做创新创业的前锋

李力，男，汉族，1989年1月生，中共党员，重庆大学光电工程学院2018级博士研究生，重庆云威科技有限公司CEO，国际ISO《未来网络技术标准组》成员，国家人工智能标准化总体组成员，重庆市青年联合会常委委员，重庆市青年创新创业促进会副会长，重庆市云计算和大数据协会标准化技术委员会秘书长，重庆大学云计算技术协会会长。

自本科生、硕士生到现在的博士生阶段，李力同学始终紧盯世界科技前沿，围绕国家发展战略需求和服务重庆地方产业需要，坚持人工智能、大数据与VR技术创新创业的新路径探索，成效显著。响应国家“双创”号召，在校先后发起成立了“重庆大学云计算协会”和“重庆高校APP开发者联盟”等，创立了云威科技有限公司。

从注册资金仅15万元、初创人员仅7人的大学生创新团队，至2019年，5年时间发展成为有正式员工300多人、注册资金1120万元、2018年营收规模近1.8亿元的新锐大数据智能化双创企业。他先后荣获2014年中国“十大青年创业典型人物”、2014年中国“电子商务十大新锐人物”、共青团中央颁发的2015年“践行社会主义核心价值观先进个人标兵”、2016年重庆青年五四奖章；当选2018年中国共产主义青年团第十八次全国代表大会代表，并且带领大学生团队荣获了30多项全国科技创新比赛大奖。

一、为“重庆制造”插上智能化经济腾飞的翅膀

用“互联网+”助推制造业升级，以大数据、智能化支撑企业转型。自2015年起，李力同学就运用大数据技术、移动电子商务业务，研发和运营移动电子商务平台“云威大数据”，为重庆传统企业做“互联网+”电子商务推广服务。截至2019年，重庆所有区县的16大行业、10万家企业因此在技术升级、产品销售和企业转型中获益。

同时，李力带领大学生研发团队，经过近 2 年的技术攻关，自主研发“云威 VR 智能产品”，于 2017 年 4 月成功实现了商业化，在美国“CES”全球电子科技展、德国汉诺威“工业科技博览会”等国际知名展会上发布，销往北上广深等全国各地和欧美市场。2017 年获得了吴文俊人工智能科学技术奖，成为全国唯一在校大学生团队的获奖者。

为破解重庆市传统产业数字化转型难点，提升大数据产业智能化应用水平，李力带领大学生创新团队研发的“云威榜——重庆互联网大数据平台”，两年时间向社会无偿提供发布“云威榜——行业大数据报告”1000 余期，在重庆市以大数据智能化为引领的创新驱动战略行动计划中提供了技术支撑。因成效突出，该平台荣获了人民日报、腾讯主办的 2017 年度中国“互联网+”十大优秀案例奖。

二、为“标准制定”赢得在校生技术贡献的天地

李力作为在校大学生，同时也是高新技术前沿产业开拓者，还是青年技术创新创业带头人。多年来，积极投身科技创新和技术标准制订，参与制订国际、国内大数据、人工智能、虚拟现实等标准十余项，历届标委会中同龄者寥寥无几。

2016 年，李力成为国家工信部《大数据标准化白皮书》编委委员，参与工信部《大数据标准化白皮书》2.0 编辑；同年，成为国际 ISO 标准委员会成员，参与提出的《未来网络服务质量技术需求(ISO TR 29181-8)》大数据技术标准，已经正式成为国际标准；2018 年成为国家人工智能标准化总体组成员，参与《国家人工智能标准体系建设指南》草案工作；同年，与华为、小米等工程专家共同参与起草 VR 国家标准《信息技术虚拟现实 VR 应用软件基本要求和测试方法》，该标准的制定，为中国在虚拟现实软件领域的产业发展和自主知识产权方面产生了积极深远的影响。

三、为“讲好故事”探索创新文化传播的方式

李力同学充分把握三千年江洲城、八百年重庆府、一百年解放碑浓郁的重庆历史文化和新时代中国特色社会主义事业的发展大势，力求讲好中国故事，弘扬中国文化。他运用 VR 技术，在设计开发文创产品中，带着感情、带着责任、带着担当，将讲好中国故事的时代命题和青年使命，融到产品推广和社会传播中，彰显了一个大学生爱国的朴素情怀。

在创业心得上，李力坚信“结果可能不会如你想象的那样美好，但是一定会

对你人生的发展起到很好的促进作用”。他强调，在校园的创新创业学习与研究中，要学会主动思考，并不断地实践，把课堂中所学的知识与实践相结合，通过创业创新，践行时代梦想。

2018年8月，李力自主研发的以重庆母城文化为主题的智慧旅游科技项目“飞越解放碑VR”在全国首个智博会上首发，3天里有近万名观众体验，媒体报道30余篇；在此基础上已形成了系列产品，颇受社会好评。因此而形成的项目在2018年团中央主办的“创青春”全国大学生创业大赛中，荣获重庆市历史上首个实践组全国金奖。至今，累计开发并上市的文创产品十余项，其中《1919百年记忆》受到央视《记住乡愁》纪录片的专题报道。

李力同学的创新创业事迹先后得到了央视《经济半小时》、《走遍中国》、凤凰卫视、台湾东森电视台、中国青年网等三十余家媒体的深度报道，为新时代大学生创新创业树立了良好形象。他表示在今后的求学与创业过程中，将不负青年大学生的新时代使命担当，立志拥抱智能时代，集聚创新资源，为推动中国高质量发展、创造人民高品质生活作出积极贡献。

资料来源

1. 第十四届大学生年度人物——李力：新时代大学生　誓做创新创业的前锋［EB/OL］. 2019-05-21. http://edu.people.com.cn/n1/2019/0521/c1053-31096232.html.

2. 重大青年校友李力公司再创佳绩［EB/OL］. 2018-04-18. https://news.cqu.edu.cn/archives/news2/content/2018/04/18/c495d61a9c7724673ae8575546fa06e3eba2b918.html.

教学建议

本案例可作为《新时代中国特色社会主义理论与实践》(2021年版)“第三章　新时代中国特色社会主义经济建设”的教学素材。

编写组介绍

主编：王一喆(1991—)，男，中共党员，法学博士，北京化工大学马克思主义学院讲师、硕士研究生导师，兼任北京化工大学思源历史社指导教师。长期从事习近平新时代中国特色社会主义思想、党史党建和民主政治理论研究，在《马克思主义研究》《科学社会主义》《党的文献》《广西社会科学》《内蒙古日报》等权威和核心刊物发表论文多篇，另有多篇文章在人民资讯网、党建网、中工网、爱思想网等知名网站发表及全文转载。主持省部级以上课题2项，主编著作2部。指导学生团队获第五届全国大学生讲思政课公开课评选活动北京赛区一等奖、第十一届“挑战杯”首都大学生课外学术科技作品竞赛“红色实践”专项赛二等奖。曾获第三届北京高教学会国际政治研究分会讲课大赛一等奖、北京化工大学哲学社会科学标志性科技成果奖励、中央财经大学首届“龙马学术之星”等荣誉。

参编成员(按姓氏笔画排序)：北京化工大学硕士生卢洪瀑、北京化工大学本科生朱鸿祥、北京警察学院教师乔迈、北京化工大学本科生许佳扬、北京化工大学本科生孙璐颖、中国矿业大学(北京)教师杨磊、北京化工大学本科生李昕茁、北京交通大学博士生李海辰、北京理工大学教师李璎珞、北京化工大学硕士生李濠英、重庆师范大学硕士生汪国益、河南师范大学教师张迪、河南师范大学硕士生张楠、北京化工大学硕士生邵蓓曦、重庆师范大学教师徐琴、北京化工大学本科生唐骋放、北京化工大学本科生黄宇杰、中北大学教师常小娟。